智慧树经管书系
汉译创新管理丛书

创新之道
日本制造业的创新文化

[日] 常盤文克 著
董旻静 译

知识产权出版社

图书在版编目(CIP)数据

创新之道：日本制造业的创新文化 / [日]常盤文克著；董旻静译.
北京：知识产权出版社，2007.1
（智慧树经管书系．汉译创新管理丛书）
ISBN 978-80198-646-7

Ⅰ.创… Ⅱ.①常… ②董… Ⅲ.制造工业－研究－日本
Ⅳ.F431.364

中国版本图书馆CIP数据核字（2006）第142059号

モノづくりのこころ (The Soul of Product Creation)
□常盤文克 (Fumikatsu Tokiwa) 2004
All rights reserved.
Originally published in Japan by Nikkei Business Publications, Inc.
Chinese (in simplified character only) translation rights arranged with Nikkei Business Publications, Inc. through TOPPAN PRINTING CO., LTD.

本书日文原版モノづくりのこころ由日经BP社出版，现正式授权中国知识产权出版社在世界范围以简体中文翻译、出版、发行此书。未经出版者书面许可，任何人不得以任何方式和方法复制抄袭本书的任何部分，违者皆须承担全部民事责任及刑事责任。

创新之道
——日本制造业的创新文化

[日] 常盤文克 著
董旻静 译

责任编辑	刘 忠	董海龙	责任校对	韩秀天
装帧设计	鞠洪深	段维东	责任出版	杨宝林

出版发行：知识产权出版社
社　址：北京市海淀区马甸南村1号　　　　邮 编：100088
网　址：http://www.cnipr.com　　　　邮 箱：bjb@cnipr.com
电　话：(010)82000893　82000860-8152　传 真：(010)82000893
编辑电话：(010)82000860-8024　　　　编辑邮箱：dhl6633@126.com
印　刷：北京宏伟双华印刷有限公司　　　经 销：新华书店及其相关销售网点
版　次：2007年1月第一版　　　　　　　印 次：2007年1月第一次印刷
开　本：720mm × 960mm　1/16　　　　　印 张：10.5
字　数：100千字　　　　　　　　　　　定 价：28.00元
ISBN 978-80198-646-7/F·075（1700）
如有印装质量问题，本社负责调换

总 序

增强创新学识 推进自主创新

在全球经济一体化的今天，国际竞争不断加剧。而在世界高新技术革命和产业革命日新月异的机遇面前，我国不少行业和企业在核心技术上还受制于人，凸显出我国企业自主创新能力不足的现状，这不仅大大降低了我国企业的国际竞争力，而且将严重影响我国企业的生存和长远发展。

为此，胡锦涛总书记多次强调："提高自主创新能力是推进结构调整、转变增长方式的关键环节"；"在实践中走出一条具有中国特色科技创新的新路子"。温家宝总理也明确指出："自主创新是支撑一个国家崛起的筋骨"。实施自主创新战略，就是牢固树立"以我为主"的思想，以掌握核心技术、发展壮大知识产权储备为宗旨，正确处理引进先进技术和自主创新的关系，把原始创新、集成创新和引进技术基础上的消化吸收再创新有机结合起来，有效整合创新资源，全面提高自主创新能力。

中国企业欲获得高水平的创新能力，必须进一步重视并提升自主技术创新能力。以持续变革、整合思考、非线性为主要特征的创新管理，将成为中国企业家的"第六项修炼"。为了提高中国企业的自主创新能力，我们需要加强对技术创

The Soul of Product Creation

新理论的学习，掌握相关创新经济、管理与政策知识及一整套管理技巧。我们深知，若想在如今知识化、国际化的环境中游刃有余，我们需要建设一种适合自主创新的新型战略管理方式、新型组织结构与流程，以及新型的资源支持，它们共同构成了企业创新"道－则－源"三角区。有效的创新管理与政策设计，将使组织具有勃勃的生命活力，使知识得以穿越"达尔文之海"，实现从发明到创新的转换，持续为社会创造不间断的价值。

首先，我们需要凭借优质的创业精神，去面对高度不确定和动态变化的环境，步步推进的组织战略将演变成一种组织成员的随机表演和用户的"全面即时体验"，实现知识向应用化的即时转换。建立基于精算的风险决策机制和基于动态能力的战略管理能力，建构组织的战略、市场、产品、技术互联战略思考逻辑，是中国各级组织急需发展的新领域！

在组织结构与营运流程上，我们要征服制度化领域和创造性领域，使两者达到一种完美的平衡。制度化领域指组织结构化的、规范化的、受控制的和受评估的行为，它是一种约束机制，将员工圈在安全地带，不做出过度创新之事；创造性领域则包括自发的、创造性的、动态的和实验性的活动，它是一种激励机制，为员工搭设舞台，让他们在上面尽情展示各自的才华。这两个领域水乳交融就能孕育出适合非线性文化的、刚柔兼备的和谐组织。开展如此重要的组织设计与变革，以及不断地"荣格"式结构联络，将对当代领导者与管理工作者提出新的挑战！

组织的创新还取决于多样性的资源。多样化的人才、信息使得人们能适应不断变化的条件。因此，企业急需创造性与纪律性并重、感性与理性俱佳的人才。创造性、纪律性及理性对于一个组织成员的重要性是不言自明的，而感性凭着自身独有的柔性特质发挥着不可替代的作用。本质上讲，创新管理的悖论是潜伏在人们心灵深处的非理性的表现，创新管理努力实现的是创造性与纪律性、感性与理性结成的"菱形思考"佳境，它以这种方式支配着创新资源的优化与企业文化的再建。

本丛书基于上述思考，在知识产权出版社一批富有远见和责任感的优秀编辑的策划与组织下，团结中国优秀的技术创新研究者，持续地选择国际上技术创新经济学、管理学和政策科学等经典与前沿论著，向我国的政府、企业及非营利部门提供技术创新的新理念、新观点、新方法，共同探寻创新之道、创新之则、创新之源，以中华民族独特的新产品、新工艺、新标准，实现更多的自主创新，使中华民族进一步屹立于国际竞争的前列。

陈　劲　柳卸林
2005 年 12 月

The Soul of Product Creation

译者序

2006年初，受知识产权出版社之托，我开始翻译这本《创新之道》。书的日文名字是《モノづくりの心》，直译过来就是——《制造之心》。但在译完全书后，我与日本朋友探讨，总觉此处"モノづくりの心"中的"制造"二字，与其通常的含义不同，作者在书中所推崇的"制造"，是指像日本传统手艺人那样，将自己毕生之所学所能，以及对技艺的追求和信念、想像力、创造力等融入其中。这也许就是日本在二战战败后，能从一片废墟中重新崛起的重要原因之一吧！

战争的记忆逐渐离我们远去的今天，中国人对日本的认识除了仇恨、敌意外，也许更多的还源于日本的产品和日本的企业。大约从20世纪80年代开始，中国改革开放后出生的一代人，大多从当时在中国市场上如日中天的日本家电，以及那些我们耳熟能详的广告中，得到了对日本初步的感性认识。今天，日本家电在中国市场"一统天下"的局面虽然已经一去不复返了，但是，很多日本的品牌，比如"松下"、"三菱"、"日立"、"丰田"等，已然给国人留下了深刻的印象。可是，这些品牌背后的故事却鲜为人知。而这些绝不是今天的日本——这个国家的全部。

The Soul of Product Creation

我在学习日语之后，开始有机会接触日本人，也就是从那时开始我了解到，很多日本人对中国文化甚感兴趣，像本书的作者常盤文克先生等很多人，在某种程度上说，他们对中国文化的研究甚至比我们更深。不知道现在的中国人是因为追求现代化而淡化了我们对祖国传统文化的感情，还是身处于信息化社会的我们要学习太多的现代技能和知识，从而让很多中国的孩子们没有时间去学习博大精深的国学。总之，结果是相当多的国人对祖国五千年历史的文化传统采取了忽视的态度。这次，我因翻译常盤文克先生的著作而开始补习道、易、五行、中医、《论语》、《天工开物》等方面的知识，一方面，让身为中国人的我为祖国博大精深的传统文化而颇感骄傲，一方面，又为自己曾经的忽视而暗生惭愧。于是，我更加深刻地感觉到，在全面建设小康、构建和谐社会的今天，继承、发扬我们的传统文化已到了刻不容缓的时刻。

本书的作者常盤文克先生是日本花王株式会社的前任社长，是企业经营管理的先驱，书中提出的思想可看作是作者本人几十年来亲临企业经营第一线的经验总结，也可看作是他掌舵花王的心得和作为学者的研究成果。常盤文克先生认为，为了让日本的经济增长得以持续，制造业所扮演的角色是相当重要的，而制造业赖以生存的发展基础正是科学技术与创新。在此之上，技术与经营管理层面上的融合则是科技发展、创新成果诞生的关键因素。也正因为如此，产、官、学三方面应该携手共同去描绘创新的蓝图。同时，他倡导文、理科知识上的融合，技术与市场的结合，以及技术与经营管理上的融合。并提倡为科学技术和创新引入合理的评价机制。

这些思想和理念，用常盤文克先生的话来说，便是体现了东方传统文化的现代企业经营管理之道，是不再盲目模仿美国式发展路线的日本式MOT（management of technology，技术管理）——在我看来，这些正是东方文化与东方哲学与时俱进的化身。然而，这些本应令国人引以为骄傲的民族瑰宝，却由一位日本企业家发掘出来，着实在我心中激起了连绵不断的波澜。一向积极西化、紧跟美国的日本人已经开始觉悟：不能再一味效仿美国的发展模式了。他们发现由于文化及各种主、客观条件的不同，要想在跟欧美的竞争中站住脚跟，甚至分得一杯羹，模仿是行不通的，只有拿出自己特有的个性，以对手无法模仿的方式出其不意地创新，才有可能成为新时代（物质极大丰富）的宠儿，而这不正和我们现在提倡的"创新"有共通之处吗？

日本，这个在"二战"后腾飞起来的亚洲国家，是中国一衣带水的邻邦，也是竞争对手，中日两国交往的历史源远流长，日本文化中有太多中国的痕迹和影子。虽然有美国在战后的扶持，不过，这个各种资源都匮乏的岛国（国土面积

The Soul of Product Creation

仅相当于中国的甘肃省）能够在战后的瓦砾废墟之上迅速崛起，他们的学习精神，他们执着的钻研精神，以及他们看问题的立场等方面确实值得我们学习和借鉴。

本书则正为我们提供了一个全新的视角（一位日本企业家的视角），来看待先进的欧美诸国、看待创新、看待自己。尤其令我感到自豪和兴奋的是，日本人现在对中国已经不再只有蔑视和忽视了，他们开始因中国的崛起和强大而感受到威胁。事实证明，日本已经意识到在各个领域中（如汽车、电子、金融等），在战略上对中国这个大市场的忽视已经造成了不可估量的损失，现在，他们已经开始了亡羊补牢的行动。

人总是免不了要在他人的眼中确定自己的位置与价值，如果这本书能够为国人在企业管理、技术管理的创新实践和研究中提供一些参考，我将不胜荣幸。同时也希望这几个月的辛苦能帮助国人从另一个角度去了解世界、了解日本、了解我们的竞争对手和合作伙伴。

由于阅历的原因，我在本书的翻译过程中遇到了不少困难，我的父母亲董戎光先生、张东力女士给了我极大的支持，他们还力尽所能，在他们熟悉的领域中为我提供资料、提出建议并协助完成校译。本书日文原著并无注释，只是第四章章尾有四个材料，文中注释均为译者注。在本书最后的文字校对过程中，汪彦、刘扬两位同仁给我提出了很多宝贵的意见和帮助，在此一并向他们致谢！

囿于己力，书中未能达到"信、达、雅"标准的地方肯定还有不少，期待广大读者批评指正。

董旻靖
2006 年 6 月于静思苑

The Soul of Product Creation

前 言

几年前，我和一位评论家聊天，他给了我这样的评价："你是一个将知识当作工具的人。"得到这样的褒奖，我自然非常高兴，这一切缘于我家所在的下町，那里住满了制造工人。我从儿时起就每天看着他们全身心地投入到工作中，看着他们对技术精益求精、对工作兢兢业业、全心致力于生产的形象长大，耳濡目染，对他们，我有着超出一般人的亲切感和敬慕之情。

"日本制造"这个简单的词语背后，承载着这些制造工人们一代代传承下来的优良传统。到了近代的机器大生产时代，他们对待工作的信心、热情和对于技术、产品品质一丝不苟的态度凝聚成一种精神，并不断地发扬光大。日本的制造业能够取得今天这样的成就，不过分地说，正源于这种精神。

但是现在，"日本制造"已经不再有优势，很多日本企业都在加大力度将生产基地向中国转移。中国以其廉价的劳动力成本为武器，迅速变成"世界工厂"。日本曾经以在电视机、电冰箱、洗衣机等家电产品上的霸主地位而骄傲，现在已经完全被中国产品所取代。

日本拥有相对先进的生产技术，中国则通过与日、美、欧

The Soul of Product Creation

的合资合作，得到了技术上的支援，随之提高了自己的生产效率。相信不久的将来，中国或许在技术上就能从模仿阶段进入到创新阶段。到了那个时候，竞争的焦点将随之由"成本"转向"智力"。请不要忘记，载人宇宙飞船——"神舟"号的成功发射，已经向世人展示了中国人"智力"的强大。

那么，怎样才能使日本的制造业继续保持领先并持续发展呢？长期以来，日本资源匮乏，其立国之策是"技术立国"，今后还要继续坚定不移地推行这项国策。在这方面，制造企业肩负着举足轻重的责任，如果制造业不能强有力地支撑起日本的国民经济，那么日本也许就会"国将不国"了。

今后，制造企业将何去何从？我们可以设想出几条出路。当然，首先就是要通过彻底地提高效率、全球化采购、本土化生产等手段构建低成本体系，以应对来自中国的竞争。不过，这还只是追求在"量"上的突破。对于人口众多、劳动力成本低廉的中国，此类方式的努力尚难以取得最终的胜利。

现在，制造企业应该将追求"独创的品质"作为经营中的基本战略，并充分地贯彻下去。所谓企业"独创品质"，就是指不同于其他同类产品的、具有差异性特点的、融于产品的品质、性能之中的，类似于人"气质"的特性，是一种深层次的特质。制造企业要通过向市场提供带有"独创的品质"的、令竞争对手模仿不了的产品或者服务，以摆脱价格战的恶性循环，从而实现走"生产好产品，创造美好生活"的路线。

为了实现这样的目标，我们对研发部门寄予厚望，不仅是期待他们创造出具有"独创品质"的产品和服务，更是因为只有研发部门才能带来根本性变革的契机。尽管我们总是不断地催促研发部门，向他们呼喊"尽快取得成功"，但光给研发部门施压是解决不了问题的。与其这样，不如对研发、生产、销售、市场营销等各个环节进行综合管理。在未来，这种综合管理的重要性将日益凸显。

在此背景下，现在的企业、大学研究院所等，都开设了MOT课程。一般来说，学理工科的人虽然在自己本专业里钻研得很深，但是对于经营、客户及消费者的动向却关心不够。而MOT的教育目的就是为了克服这种不足，培养出文理知识兼备的复合型人才。

所谓文理兼备的复合型人才，打个比方来说，就是让思维方式从"雪融化了就变成水"这种客观性的视角，转变为"雪融化了，春天就来了"那种文科式的感性思维。我非常赞同这种主张，不过这当中还存在着一些令人担忧的地方。

本来，MOT不仅是一种资格，更是一种实践的过程。几个修完MOT课程的人聚在一起，未必能实现高品质、科学的经营管理。今后的教育，是否应该在内容上更多地增添日本制造业的文化及传统，能不能探求一下具有日本特色的MOT呢？

The Soul of Product Creation

我所担忧的是：我们能否成功地把具有日本特色的经营——即制造业中工人们对于工作的热情、对于技术的一丝不苟、对于所生产的产品的深情，以及他们的审美观、价值观等反映出的属于他们的生活方式、人生哲学、个体力量等，凝聚成为集体的力量，再与MOT教育巧妙地融合起来？

在制造装配宇宙飞船的超精密配件等高技术领域，技术工人的水平发挥着重要的作用。不论多么尖端的技术，最终是否能够实现还要取决于工人的技术水平。在制造业的工人中，有一种说法叫做"自然力"[1]，意思是说"生产出好的产品不仅仅是依靠自己的力量，还有一种巨大的力量引导着我们"。这正好和东方的传统思想——向大自然的智慧学习，承蒙大自然的恩惠而生存——不谋而合。这种思想和源自于美国的MOT教育是完全不同的。

技术，本来是由人的智慧创造出来的。经营企业，就像工人使用工具熟练到像用自己的手一样，将企业整体的智慧和力量，与所有成员的身心全部融为一体并使其协同运作起来——这正是我多年来的梦想。

此书的写作初衷是以MOT为主题的，但是在写作过程中，我发现MOT的本质是以技术为支点，从经营的角度来探讨制

---

[1] 自然力：日本人崇尚自然与自然之力，认为世间万物的生成消灭都顺应着自然之力。技术也是顺应自然之力的产物。

造业的生态环境。于是最终,本书反而成了一本整理日本文化传统,反思东方博大精深的智慧,在思想层面上重新审视制造业生态环境的作品。如果本书能为振兴日本制造业的思考提供参考,本人将不胜荣幸。

常盤文克
2004 年 3 月

The Soul of Product Creation

目录

译者序	1
前言	7
第一章　创造独特的品质	**1**
战略要简洁鲜明	1
当前正值"选择与集中"的关键时刻	3
美国模式只适用于"晴天模式"	7
手工艺企业独领风骚的意大利	10
本土思维，本土行为	14
技术创新无奇策	18

第二章　思索日本式MOT	**23**
追逐廉价的创造环节转移已经走到了尽头	23
不要让MOT最终成为理工版的MBA	27
再先进的技术，没有销路也是死路一条	30
技术源于科学	34
坚定不移地打破文理鸿沟	36
技术人员支撑着制造业	40

第三章　重塑制造业之魂	**47**
技术工人的摇篮——池之端七轩町	47
培理提督的感叹	52
露伴的《五重塔》中的手艺人	56
日本人身上"找窍门"的遗传基因	60
无名艺人与"用之美"	66
反映东方自然观的《天工开物》	69

第四章　以东方思想解读组织形式与发展方向　75
无形的力量　75
集体中"缄默的知识"与企业文化　78
知识的"振荡"使组织更加丰富　81
个体知识与集体知识不可分割　85
不论人还是企业都在大自然中求生　86
阴阳五行中的相互依存　90
能将个体力量激发出来的中医组合　92
集体与个体相互促进　94
让东方智慧在经营中发扬光大　96
从《易经》中探寻事物变化的规律　99
预测未来的《易经》　102

第五章　让创新的视野更加宽广　109
产品即商品　109
生产企业自行提出创新提案更好　111
不断重复与产品的对话　113
把"经验价值"添加到独创品质中　117
让技术的故事流传下去　121
挑战"创新的窘境"　126
守－破－离——创新的根基　130
单纯模仿无法成"型"　133
研发能力的背后是团队精神　135
领导者要扬起"鲜明的旗帜"　137

参考文献　140

1

第一章

创造独特的品质

战略要简洁鲜明

当前，日本是否摆脱通货紧缩尚不明确，但经济已处于复苏阶段。然而这并不意味着各行业内每个企业的经营状况都能齐头并进地日益好转。处于同一行业和同样经营状况的企业也有所谓的赢家和输家，这其中的奥秘何在呢？

以前，人们总认为高举传统理念的大旗，努力追求生产数量的企业才富有生机活力。现在，经营战略改变了，追求品质才会充满活力，与众不同的企业才能独树一帜、引领时代的潮流。

有关企业经营战略的书籍不胜枚举，但大多数还只是停留在战术层面上，即使在战略上有所提及，也是令人费解的英文。在我看来，所谓的战略应该简洁鲜明，过于复杂将难以突出鲜明的个性。显而易见，企业在成熟而饱和的市场状态下追求数量，无论如何都会陷入价格竞争的困境。在这种市场饱和的竞争态势下，"价格战"可谓是企业的自绝之路。众多企业都在反思能否通过向市场提供标新立异的品质走出这个传统怪圈。所谓标新立异的品质，就是能够超越以往产品或者服务所具有的品质，要能得到人们情感上的认同，让消费者切实感受"实用、方便和美观"，让"生活因此变得充实、丰富"。这里，我想与其称"品质"，不如称为"感质",或称为"Qualia"（给感觉赋予某种特征的质感）。事实上,不少公司将追求品质确立为经营理念,特别是那些能够彻底贯彻经营管理层思想理念的中小企业一举获得了成功。一个技术含量较低的小企业在加工镀膜的工序中增添了防止电磁波辐射的技术,使手机镀膜业务和数码相机零部件业务达到市场份额的60%,另一家企业开发了供复印机等办公自动化机器使用的电磁产品,其市场占有率达到了60%,且供半导体产品使用的金属外罩已独占市场……如此看来,企业只有依靠开发独特的技术才能在市场上立于不败之地。这种规模小而品质一流的企业不胜枚举。要说大企业,典型的例子就是靠独创技术迅速占领市场的日本数码家电企业。有人认为家电市场因饱和而无望再继续增长,尽管如此,日本的家电企业仍能连续不断地推出自己的新产品,其产品开发实力足以令世人惊叹。

有人又称汽车业市场已经饱和,但丰田公司率先推出不同于传统观念的多功能车(hybrid car),从而提高了自己的业绩。就算在信息通信、快递投送等领域,倘若只提供与竞争对手雷同的产品和服务,也同样会陷入价格竞争的困境。值得庆幸的是,很多企业正在不断地开发新产品,勇于技术创新。总之,企业不仅可以在追求独特品质中获取成功,而且事实也证明,追求"质"的结果也随之会带来"量"的增加。

这里提到的品质不是"同质"中的质,产品达到了"与其他公司雷同,但水平略高"的程度是远远不够的,必须创造完全不同的品质,也就是"异质",否则就无法标新立异，这一点即使反复强调也并不为过。

前面已经多次讲过，追求"异质"就是开发"靠独特技术支撑，唯我独有的产品和服务"，从而进一步开辟新的市场。在技术创新的同时，人们的生活更加充实、更加舒适，技术创新便成为新型文化生活的导航标。

在过去的一个世纪，汽车和飞机相继出现，并以惊人的速度到达世界的各个角落。然后伴随电信技术的发达、电话的普及，人们可以瞬间与居住在地球另一侧的朋友通话。电脑技术与通信技术的相互融合，世界甚至实现了全球化和高度信息化。依靠这些技术创新诞生的新型产业的数量是不可估量的。制造业的梦想就在于通过这些技术创新来丰富我们的生活。

21世纪，制造业的基础是以技术为核心的MOT，当然，在思考这些课题时，同样不能忘记所谓的"感质"。不管模仿人类大脑的计算机有多么发达，但只有人类自己可以心怀梦想。这就是所谓"造物便是造人"的缘故。勇于创新、标新立异的旗帜只有在力争实现人类梦想的热情中才能高高飘扬。

当前正值"选择与集中"的关键时刻

在谈及技术创新和MOT之前，有一点需要强调，那就是为达到追求独特品质的目的，企业需要创造内部和外部的环境，这需要预先给予足够的重视。因此，企业对经营领导层所重视的课题在一项事业领域中就要优先决定"选择与集中"，继而当机立断地去执行。认准了"就是这项事业"后，便集中投入经营资源。

但是，要平衡好选择和集中，就意味着放弃。要做到放弃其实并不容易。因为各种客观情况而无法舍弃时，至少要下决心划分主次，这样企业也会从中产生强大的竞争力。

位于北欧的芬兰企业诺基亚公司正是这种能够大胆进行选择和集中的代表。芬兰因其优美的自然环境闻名于世，近年来又作为拥有强大国际竞争力的高科技工业的国家闻名于世。在2003年世界经济研讨会发布的《世界竞争力报告》中，芬兰的国际竞争力雄居全球第一。此外，在IMD（经营开发国际研究所）颁布的《世界竞争力年鉴》上，芬兰在人口为2 000万以下的国家中排名第一。芬兰企业强大的竞争力由此可以管窥一斑。芬兰的国土面积几乎被森林和湖泊所覆盖，1/3在北极圈内，人口也很少，约510万。在这种艰苦的条件下取得经济上如此辉煌的成绩，完全归功于电子、信息通信产业的显著发展——其中电子产业以当前手机企业世界排名首位的诺基亚为代表。

与此相比，日本企业在世界经济研讨会和IMD的排名却不靠前，均为第11位。特别是有关企业的各项详细指标，日本企业在管理方面的评价尤其低。

为什么日本企业和芬兰企业之间在国际竞争力上的差距如此大呢？带着这样的疑问，两年前，我有幸参加了由芬兰"知识·管理研究所（CKIR）"举行的小型研讨会，拜访了赫尔辛基郊外的CKIR，10名研究人员热情地接待了我。既然是研讨会，我也向他们介绍了我的论文。从他们的言谈举止中，我深切感受到了他们那份欲了解日本企业发展动向的执着和渴望。

同一天，我也访问了诺基亚本部。诺基亚在世界手机市场上的占有率超过了35%。为了迎接我的到来，诺基亚总部研究所所长、事业开发部部长、公司经理等经营领导团队齐聚一堂，这使我不胜荣幸。随后进行的主题为"诺基亚的变迁"的讲座，更是令人难以忘怀。

据介绍，诺基亚的创业可以追溯到1865年。当时，创立者利用芬兰丰富的森林资源，开创了小型木材纸浆厂。随即纸浆制造发展为造纸业，不久又新添了电子产业。再后来增加了化工合成橡胶工业，之后又跻身制鞋、皮带等行业。进入20世纪，诺基亚便开始制造芬兰最早的电线和电缆。第二次世界大战以后，诺基亚进入电视、家用电脑、手机等电子产品的领域，同时有数家企业进驻了欧洲市场，进行生产和销售。回顾这段发展历程，我们禁不住钦佩诺基亚，它确实从一个微乎其微的工厂一举成长为今天世界闻名的品牌企业。

1994年，经营领导层决定将诺基亚的主要事业集中于信息通信领域，但在当时，这个领域的营业额还不足其全部营业额的10%。可见，领导层在作出决定前已预见到了发展前景。选择与集中在这里就是选择信息通信领域，集中向此领域投入经营资源。

不管怎样，诺基亚从一个小企业能够发展为专门生产手机、信息通信产品的企业，这说明高层管理者作出了正确而明智的选择。几年后，诺基亚很快成长为世界上实力最雄厚、竞争力最强的手机生产企业。所以诺基亚堪称企业界"选择与集中"的楷模和榜样。

"选择与集中"在欧洲用"focus"（聚焦）这个单词来表示。顺便提一下，英文"decide"（de+cide）指作出决定。"de"是离开的意思，"cide"是切割的意思，也就是说作出决定、判断，与"cut off"（割裂、切掉）一词同义。

所以，选择与集中的含义就是缩小焦点，割舍其他。具体一点说，就是只能保留核心的部分或某个发展领域而放弃其他方面。如果开始不能下决心放弃，选择与集中便是空谈。

诺基亚的经营领导层敢于对当前的发展领域作出选择与集中，而日本的经营者却无法割舍曾经一度辉煌的成功经验，两者的差异或许就是今天国际竞争力的差距。带着这样的思索，我离开了诺基亚本部。

今后的制造业已经不是竞争"量"的时代，要想生存，惟有不断地开发包含独创品质的产品和服务，别无他路。这样，选择与集中就成为经营课题的重中之重。这样说也许有人会提出反对意见，如"以前日本企业就已尝试和努力作过选择与集中"。但是，那也仅仅是局限在低收益的领域中进行调整改组，不过是"其他公司做了，我们公司也做了"。

选择与集中不是企业追随他人进行调整改组，而是要很珍惜地利用好自己的经营资源，向那些尚未开拓而具有发展前景的领域集中投入。企业若不具有这种战略眼光，就难以生存下去。

是废品就必须丢弃，人和动物都如此生存。那作为企业又该如何呢——缩小发展领域，向认准的事业注入人力、物力、财力、信息、技术等经营资源。今后，这种真正具有战略性意义的选择和集中，就是企业将共同

第一章　创造独特的品质

面临的首要问题。

美国模式只适用于"晴天模式"❶

进入本小节之前，我们先谈谈关于日本企业国际竞争力的问题。要恢复国际竞争力不是一蹴而就的事情，也没有什么立竿见影的"特效药"。说到底，只有创造出独特的品质才能立于不败之地。

在这里所说的"品质"指的并不是相互雷同的"品质"，而是前面多次提到的"异质"、"充满人文关怀的质"。通过几十年的不懈努力，日本的产品的确在国际市场上获得了好评，并得到了广泛的认可。但是，从本质上讲，我们现在所做的还只是换汤不换药的工作，顶多就是改变外观等外在特征，进行横向竞争。大多数日本企业习惯在现有产品的基础上进行改良，却不能冲破藩篱，开发出自己独创的技术和产品。

那么，到底什么是所谓的"异质"化竞争呢？让我们拿自然界的生物——生活在热带草原的动物来举个例子。人们常说无边无际的热带草原是一个弱肉强食的世界，但是这里却依然生活着千千万万种动物，而不是仅剩下强悍的狮子和体格伟岸的大象。看上去弱小的野鼠和野兔，照样可以凭借自己独有的谋生本领生存并繁衍下去。试想，在这片大草原上生存的成千上万种动物，只有将自己独有的求生本领，也就是"异质"发挥到极致，才有在大自然残酷的选择与竞争中与其他物种共存下去的机会。

---

❶ 美国的经营模式只适用于经济增长平稳、企业的业绩不断上涨的情况，是为股市节节走高，股价上扬的景气市场而设计的。

"异质"的"质"实际上就是生命力的另一种表现形式。热带草原也就是一个对于所有生物既苛刻又公平的世界，有着最原始也最简单的优胜劣汰法则——惟有那些具有超强的生存能力并练就抵御天敌本领（异质）的生物，才能获得生存的机会。市场竞争也是同样的道理，不论是个人、企业，还是国家，最重要的就是要有自己的个性——走自己的路，创造自己独创的品质才是求生之正道。

而今令人担忧的是，在全球化浪潮席卷全球的背景下，日本企业也毫不例外地被卷入到研发速度的竞赛中。这场由美国推动的"全球化浪潮"背后，日渐明朗的是在电子、汽车、生物技术等领域，日美欧三足鼎立的格局使竞争不断升级，并且眼下已经发展到了白热化程度，从新产品的研发到生产、销售等各个环节，在世界范围内掀起了一场空前的缩短产品开发周期的革命。

我们拿汽车举例说明。一直以来，各厂商新车型的上市周期，从设计到投放市场平均是三年左右。但现在新车从设计企划案开始到下线上市的周期已经缩短到了两年左右。研发周期的缩短对于降低成本是有很大贡献的，站在企业的经营立场上来看，这应该值得提倡和欢迎。

然而，问题关键在于是否能在缩短研发周期的同时创造出"独创的品质"？我们必须清醒地认识到，加班加点提前上市的新车，如果由于测试和审核不充分，质量上出了问题，无疑对于企业来说是灾难性的打击；

第一章　创造独特的品质

就算成功地缩短了研发周期，如果新产品因为不具备"独创的品质"而缺乏个性魅力，就会很快失去顾客的青睐，从而失去市场。

在技术上创新还未形成系统的时候，一味追求速度而匆忙推出的新产品是无法在市场上站住脚的。给研发过程多留一些时间来创造能够赢得市场的"独创的品质"，是否比速度更重要呢？只追求速度，丧失的是核心竞争力。

近十年来，日本很多的企业和组织被全球化浪潮所左右，并为之奔波劳碌，实际上他们是过分地惟"美国模式"是从了。这里所谓的"美国模式"意思是说将一切以市场需求为先导的思想，贯彻到了组织行为中的每个环节，乃至最终渗透到社会生活的每个角落。像"只要能战胜对手就好，只要能赚钱就好。越大越强，多多益善"这些游戏规则和行为法则就是从那样的文化中诞生出来的。"The fast eats the slow"（快鱼吃慢鱼），"The big eats the small"（弱肉强食）等等，这些谚语的背后所隐藏着的西方社会伦理，与日本的文化传统是格格不入的。

可是，最近一个时期泡沫经济的阴影又显现在了美国的IT产业，导致了纳斯达克和纽约股票交易市场股价的下跌，于是我们看到了以力鼎股价坚挺为目的的假账丑闻接连曝光，"安然"、"世界电信"（World Com）纷纷落马。不久前，著名信托投资企业Putnam Investments又被曝光，公司的投资业务负责人进行了违规短期交易，另外还给予一部分投保人超常规的优待等。

经营透明化和重视股东，是在全球化背景下美国所倡导的企业管理理念的精髓，而上面的例子恰恰使其奉行的经营理念土崩瓦解。"认股权"制度可谓是美式企业经营模式的象征，它也因股市的低迷而黯然失色。

综上所述，美国的经营模式只适用于经济增长平稳、企业业绩不断上涨的情况，是为股市节节走高，股价上扬的景气市场而设计的。只要能在股市抛售股票，即可获得巨额货币化了的创业者所创造的财富。当然，持有股票的企业员工也可用同样的伎俩去圆所谓的美国梦。

美国经营模式的本质，实际上就是大家都买入股票，然后一起为股票的上涨而努力，因为大家的利益绑在一起。这种直线的思维和经济系统由于其单一的方向和利益驱动，仅适于市场景气的"晴天模式"。然而市场理所当然地会有不景气的时候，可是美国模式却没有安装针对逆境的程序。

美国模式在实践过程中也的的确确暴露出了各种隐患，与之成鲜明对比的是欧洲的多元主义模式（pluralism）。欧洲大陆的主要国家虽然结成了欧盟，但各成员国因不同历史传统和文化而拥有不同的价值观，从而走着充分体现本国特色与个性的发展道路。每个成员国都有失业率居高不下等经济问题及其他困难，但是，却不会陷入美国模式那样的市场一边倒的泥潭。

欧洲的经济系统是照顾到在不景气的情况下如何生存乃至走出逆境的"阴天模式"。所谓成熟健全的全球化经济实体，说的应该是拥有独特品质，能够兼顾"晴天"和"阴天"、应变各种突发状况，同时对于周边的经济体给予慷慨提携和帮助的欧盟各成员国吧。

手工艺企业独领风骚的意大利

只要提起欧洲的多元经济体制，首先让人想起的就是近年来稳中有增、取得稳步发展的意大利经济。意

第一章 创造独特的品质

大利2002年的GDP约为14 380亿美元，还不及当年日本GDP的1/3。但是我们不要只看GDP的绝对数值，实际上意大利这几年的GDP增长率都超过了欧盟龙头老大的德国。尤其是在纤维、机械、汽车等一些支柱产业方面保持着平稳增长的态势。1995～2001年期间，制造业整体的增长率超过了日本。

支撑这样高增长率的，却是一大批中小制造企业。中小制造企业加上私人企业，意大利共有约400万家企业。而其中一半都是职工人数不到10人的微型企业，1 000人以上的大型企业只有不到500家。尽管如此，在发达国家一向不擅长的服装、面料、皮革制品、木制品、食品等传统产业，还有金属、机械设备等领域，还是走在了欧盟各国的前列。也可以说，意大利是在传统产业和劳动密集型产业中通过充分发挥工人的技术，焕发出了无穷的竞争力。

这样的中小企业，很多都是家族式经营，即由父亲来掌控着企业大局，儿子

图1-1 意大利的产业分布

来源：《西北社明るく逞しい経営イタリア中小企業の活力》

们则是企业的技术工程师和财务主管,母亲和女儿们就是企业的设计工程师,这样的家族式企业也被称为"手工艺企业"。意大利的手工艺企业不是单枪匹马作战,很多个同行业的小企业或者相关企业聚集在一起,形成独立性很强的产业聚集地,比较著名的有出产玻璃和女鞋的博诺尼亚,以纤维和服装闻名的普拉托,盛产羊毛织物的比耶拉等。

这些产业聚集地并不是简单的制造工厂的集合体。在各产地,有专门的"企划企业"负责从新产品的开发企划,到生产中各个环节的产业链,以及成品的销售,"企划企业"担负着把市场和产业聚集地中各个企业的生产要素合理分配并连接起来的任务。

手工艺企业和上面所说的企划企业协同作业,构成了分工明确的产业布局。在产业聚集地内部独立地完成了不仅包括欧盟,甚至包括全球市场商业信息的收集与交换、成品出口、培养人才、承办展览会和样品展示等各个环节的工作。各产业聚集地在这些过程中,同时完成着人才、技术、信息、知识的储备工作。正因为有这样的产业系统,各个产业聚集体高瞻远瞩,把国际市场纳入自己的经营战略中,从而获得了四成产品都远销国外的骄人业绩。

就这样,各个产业聚集地之间形成了设计、生产、供货、展览、销售一条龙式的网络化运营机制,并在资源上形成了互补互利的关系。正是有了这样坚实的产业链基础,意大利的中小企业联盟才在国内、国际市场上与大型企业的竞争中占领了自己的一席之地。

第一章 创造独特的品质

此外，值得一提的是，各产业聚集地中小企业都有来自产官学[1]给予的支持与援助。地方政府、经营团体、工会、金融机关、大学等各方面密切协作，推进对中小企业的人才培养以及技术研发方面的支援。意大利在历史上就有地方分权的传统，培养了意大利人自治意识，可以说正是这种比日本人强烈得多的故土意识，给意大利各地的产官学注入了无限生机。

意大利中小企业强盛的秘密武器，除了上述产业集群的奥秘，还有一条就是彻底追求差异化的经营策略。意大利的中小企业由于家族式的经营方式，其经营规模不可能无限制地扩大。故而，要在市场上立于不败之地，企业就必须尽全力去生产能够独树一帜的产品，最终借此获取经营的利润。

虽然产品的种类少，但这种不足能通过浓缩了的精心设计和精湛的技艺产品来弥补。虽然产品上市后终归会被别人仿造，出现类似的产品，但是，注入了原创者情感和灵魂的产品总会在不经意间显现出其独到之处。因为这不是大批量地生产通用物品，而是为那些心有灵犀的顾客生产的产品，只为他们量身打造。

非常熟悉意大利的小林元先生[2]曾说过：日本制造业的发展模式应该向意大利学习。他的论述如下：

> 到了物质过剩的时代，消费者的购买行为变成了不再是要买好的产品，而是要买一份心情，买能表现自己个性的东西。意大利人以他们敏

---

[1] 产官学，是日本产业界（产），地方政府、社会团体（官），大学（学）三方共同协作互相学习的组织机构，目的是资源共享、将研究成果产业化。

[2] 小林国际事务所首席代表。

感的悟性及时了解到市场的这种变化，并把他们从文艺复兴时期继承下来的审美修养融入到了产品中。可以说意大利人，凭借他们的市场意识和敏感触觉，以"向消费者提供生活的乐趣"这种方式构建起了摆脱工业化、信息化社会的商业模式。

（《日本经济新闻》2005年5月3日）

小林先生所提倡的，就是制造业要从一味追逐"性能"的机制，向追求"性能与美"并重且和谐的机制转换，要让日本传统文化中的审美与美感在制造业中焕发青春。他的这种思想，恰好同我一直以来追求"独特品质"的主张不谋而合。

我之前已经论述过很多次了，以美国的全球化经济为前提的制造业，生产目标定位是大量生产、大量销售的普通产品，这种生产方式即将走到尽头。而与之正相反，意大利将人类的审美与感性元素融入到了商业模式之中，毋庸置疑，这必定成为今后的发展趋势，也是我们学习的楷模。

本土思维，本土行为

很多年以前就有人说，日本正处在其发展的"第三次地壳变动期"。所谓这三次"地壳变动期"，是指继明治维新、"二战"战后和日本迎来的第三次大规模变革时期。人们对日本今天所处的这样一个变革时期开始有所认识，可以追溯到泡沫经济崩溃之后，也就是从20世纪90年代中叶起，各行各界的有识之士便开始的一场对于日本所处时代状况的讨论。

第一章 创造独特的品质

以"地壳变动"来描述历史,首创于法国著名历史学家费尔南多·布罗代尔[1]。其经典著作《地中海》中创造性地将人类历史的发展变化分为三个不同层次,现在所说的 "日本的第三次地壳变动"如果按照费尔南多·布罗代尔的方式来解读,恐怕很难分清哪次是指表层的历史事件之变化,哪次是社会利益集团的中层历史性变动所掀动的深海暗流,哪次是在处于地壳结构底层的人类与环境的关系史中迸发出来的岩浆所引起的社会变动。

尽管不能按照费尔南多·布罗代尔的史学方法论精确定义现在的社会变革,可是,随社会发展而伴随的时代更替确有其事。近代的第一次"地壳变动"可视为冷战格局瓦解后市场经济的规模迅速向原来的社会主义阵营包围、扩散和渗透;第二次"地壳变动"是信息通信技术的高速发展所带来的新技术革命,接着,在市场经济的成熟完善和现代高度发达的信息技术基础上,现代社会迎来了第三次"地壳变动",那就是以市场优先、效率第一为主旨的美国式全球化浪潮,这次变革席卷全球,并给全世界各国的国民经济带来了不同程度的影响。正是这三次变革使20世纪末的世界发生了翻天覆地的变化。

特别是到了20世纪90年代,全球化的进程似瘟疫般以不可阻挡之势迅速蔓延,于是,出现了"跨越国与国之间的壁垒,实现均质化与'物'、'货币'之间的一一对应关系"的这样展望未来社会的理论。然而就在十几年后的今天,世界各国却未能统一走上趋同的发展道路,而是开始主张更有个性、多样化的发展方

---

[1] 当今世界影响最大的史学流派之一——法国年鉴学派第二代代表人物和集大成者,法兰西学院院士费尔南多·布罗代尔(Fernand Braudel,1902~1985年)是年鉴学派第二代代表人物,法兰西学院院士。

式与生存方式。尤其在2001年美国爆发了"9·11"恐怖事件之后，这种倾向越发明显起来。

事实上，在美国内部，质疑全球化未来的呼声从未间断过。比如：哈佛大学的约翰·魁尔奇（John A. Quelch）[1]教授对于今后十年世界的发展趋势是这样概括的："本土思维，本土行为"（Think local, Act local）(DIAMOND Harvard Business Review, 2003.7)。

提到"全球思维，本土行为"（Think global, Act local），感觉仿佛是作为世界各国达成一致的一句宣言才被刚刚叫响不久，而实践中的变化已经令我们不得不去反思全球化的倒退。

尽管如此，"本土思维，本土行为"听上去却还是有些不入流。那是因为不论哪个国家的人在对事物进行认知和判断的时候都会不同程度地受到本国、本地区、本土文化的影响。举个最具代表性的例子，就是我们常常看的世界地图。

我们从儿时起就耳熟能详的世界地图，是按照16世纪荷兰地理学家麦卡托（Gerardus Mercator）发明的麦卡托正角圆筒投影法绘制的。由于这种地图能够正确地表示出方向，所以被广泛地应用于罗盘（指南针）航海并广泛地普及到了全世界。但是，以麦卡托投影法绘制出来的世界地图会因中心国的不同，导致各大陆位置关系变化显著。由于各国人民平时生活在本国内，所以对于这样的差异并不会予以特别的关注。

比方说在日本，世界地图的中心就在日本。但是，假如到美国去旅行看当地的地图，就会大吃一惊。美国

[1] 哈佛大学商学院工商管理教授，伦敦商学院院长。

第一章　创造独特的品质

以日本为中心绘制的世界地图

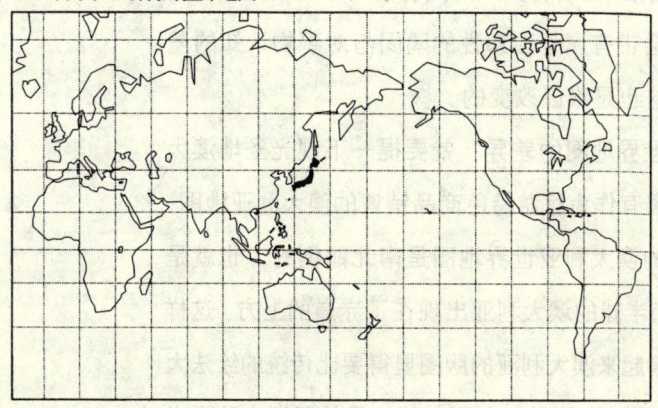

以英国为中心绘制的世界地图

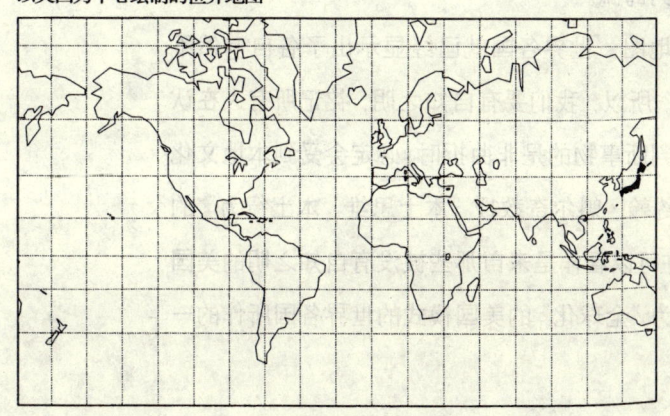

图1-2　麦卡托投影法地图

的地图，通常会把美洲大陆置于全图的左侧，以欧洲和非洲大陆为地图的中心，日本则被放在欧亚大陆最东边。

在这样的地图上，大西洋就像是一个内海，更令人吃惊的是，美国和非洲相距甚近。不仅如此，比起所谓东方国家的中国和印度，日本位于更远的东方，是远东（far east），你会莫名蒙生"啊，遥远的国度！"这样的感慨。如果各国人从小就看着差异如此巨大的世界地图长大，那么成人之后各国人所具有的对事件的认识及判断等，就会带有属于国家性的隔阂与对事物认知的差异，而且这也是难以改变的。

说起世界地图的差异，就要提一下观光圣地澳大利亚，那里有作为旅游特色商品销售的澳大利亚地图，这里所说的澳大利亚世界地图是南北颠倒的。也就是说，位于南半球的澳大利亚出现在了赤道的上方，这样在地图上看起来澳大利亚的版图显得要比传统的绘法大很多，更不可思议的是日本列岛就像是从亚洲大陆弹出去的一串列岛弧。

单看地图，世界各国就已经显示出了各自迥然不同的状貌。所以，我们要有自知之明，铭记所有人在认识事物和判断事物的是非曲折时，必定会受到本地文化的制约。约翰·魁尔奇教授"本土思维，本土行为"的提法，或许可以看作是来自那些被没有自知之明的美国强加上名为"全球化"的美国模式的世界各国所作的一点反思吧。

技术创新无奇策

言归正传，我们回到如何创造出与众不同的品质——"异质"的经营课题上来。方法之一，选择与集中，之前所述诺基亚的事例可以诠释"选择与集中"策略的真谛。除此以外，方法之二，积极接纳、吸收异质。方法之三，从整体把握事物。所谓"积极接纳异质"，是说在无国界化的时代洪流中，积极地从外界接纳并吸收异质的、具有特色的人才与信息。让来自外部的"异质"像一股清风吹入组织的内部，通过相互交流与融合，在内部引起"底层深处的振动"。

具体到工作中来说，比如邻桌来了一位外国同事。虽然大家都还做着与往常一样的工作，但是要善于在工作中发现这位同事对问题抱有什么不同的见解、处理问题时有什么不同的创意和顺序，并积极地学习这些创意和方法，最重要的是在点滴中用实际行动感受"异质"。

近些年，从企业经营方面来说，大家逐渐看重启用多元人才使之各尽其能的跨文化经营理念（transcultural management），也加强了对企业自身独创品质生命力的特殊意义的认识。今后，被关注的焦点必定是如何以人才的多样性来产生独创的"质"，这就是诞生我们所追求的"异质"的源泉。

关于"异质"，现在插几句题外话。

一个企业意识到了"异质"的重要性，于是决定召集大家开会，讨论如何才能创造出企业独创的品质。可是与会人员全部是多年效力于本公司的职员，也就是说大家都是"同质化"的。所以，最终也没有讨论出对"异质"有意义的提案。

这种情况在现实中屡见不鲜。在讨论创造"异质"时，我们的知识结构和哲学体系会有天然的缺陷。

回到本节开头，创造"异质"的方法有三，什么是方法之三的"从整体把握事物"呢？这里的"整体"与"全体"在语感和语义上有微妙的差别，它是指由各个组成部分有机地集合在一起所构成的一个具有生命力的系统作为一个个体模型，称此模型的全部特征为整体。各部分的简单叠加或者堆砌不能称之为整体，因为数量上的叠加或者物理上量的累积不可能产生任何"质"的意义上的飞跃与突破。也就是说没有从量变到质变。

在把握这样的"整体"时，关键在于构成"整体"（企业）的各个部分，各种要素（人力、物力、财力、技术、服务等）之间怎样组合在一起，各种要素都不仅仅是本企业所独有的，甚至企业之外会有更多这样的要素，我们要做的就是把外面的新鲜血液吸收进来。所谓信息化、网络化的现代企业，正是要运用先进的理念将企业内外的好技术、新观念等，科学地融会在一起，使其在新的环境下相互碰撞与重组，这个过程就是创造独特品质，也就是"异质"的过程。

创新（innovation）这个概念最早是由美国经济学家熊彼特（Schumpeter）[1]提出的。创新，是在把各元素原有的排列顺序与组合方式打乱，之后科学地、创造性地将其重组，从而产生新组合、新事物时发生的。下面从"发明新产品"、"引入新的生产方式"、"开拓新市场"、"获得新型原材料、新零部件供给地"、"实现新的产业组合"五个方面来说明关于创新的"重组"问题。

这些新"组合"从经济社会中的旧组合中脱颖而出的时候，就完成了一次"创新"。熊彼特称这种跨越式的、不连续的解构与重组为"发展"，并指出资本主义社会的发展是依靠"创新"不断前进的。

[1] 约瑟夫·阿洛伊斯·熊彼特（1883~1950），美籍奥地利人，是当代西方著名经济学家。《经济发展理论》一书是他早期成名之作。熊彼特在这本著作里首先提出的"创新理论"（innovation theory），当时曾轰动西方经济学界。

第一章 创造独特的品质

在我们身边，有很多创造性地组合了各种生产要素并产生巨大价值的"创新"事例，"黑猫大和宅急送"（kuroneko yamato）就是物流业划时代创新和革命的代表作。

他们把各家各户需要运送的货物通过24小时便利店等终端机构集中起来，先运送到集中配送基地，然后按照货物的大小、类别、目的地等分类，依照货物的实际情况决定采用什么运输工具。由于把大量的小件货物集中装入卡车运载，从而大大降低了运输成本。而且他们的运输方式也多种多样，并可任意选择，可以按照顾客需要的时间具体到上午或者下午准时送达。

他们自行开发了一整套控制全部物资流动的信息系统，通过这个系统，可以随时监测每一件货物的所在位置，从而将企业运作过程中所有的要素统一起来，令时间和空间通过信息系统实现新的组合。

最值得一提的是，他们的创新中信息系统所针对的各运作要素不一定全是创新的生产要素，也就是说，现在已有的要素（物、技术、服务等）通过突破性、创造性地重组形成了一个有机的整体，创造出新的经济模型。更进一步讲，也可以是企业创造出新的"质"、独创的"质"，当然一定是"异质"。

通过"选择与集中"确定擅长的领域，并在此领域中努力谋求发展，走在同行业竞争者之前；通过积极接纳具有"异质"的人才、信息与技术，并将其结合起来，在组织内部引起碰撞；站在整体的高度上把握事物，然后再进行创新。以上就是前面提出的创新、创"异质"的三个方法，当然，关于创新，肯定还有很多其他的方法。

下面补充一种："个体和整体之间的统一与相对独立"的方法，也可以称其为"软性组织解构"。

请大家以宇宙飞船的重要组成部分——登月舱为例思考上面的话题。登月舱在必要时能够脱离母舱自由地活动和工作，从这个意义上来说，它是脱离于母舱独立存在的，但同时又是构成宇宙飞船的重要组成部分，也可以说它与飞船母体是统一体。上面说的所谓"个体和整体之间的统一与相对独立"、"软性组织解构"，说的就是这种个体与主体，或个人与集体之间的结构关系。

个体属于整体的一部分，整体对个体的影响力越大，个体就越难以获得比较大的成长。如果能从整体里独立出来，自由地活动并与其他团体接触、交流，并获得"异质"，而后再重返整体的怀抱中，就将能提高整体"质"的水平，丰富整体"质"的内容。

此过程中最重要的是整体（母舱）要准备好将来对接时需要的插座，个体（登月舱）要留好对接时必备的插头，等个体回归的时候只要插入母舱的插座即可顺利重新组合为一个整体。保证处理好这种插座与插头的关系，个体与整体即可随时自由地分与合。这种相对独立的组织解构关系将是"异质"诞生的摇篮。

第二章

思索日本式MOT

追逐廉价的创造环节转移已经走到了尽头

20世纪90年代，由于IT产业的兴起和股价的攀升不止，美国曾一度爆出一种"新经济论"，即市场不再有景气和不景气的更替。日本也出现了同样的论调，诸如"21世纪的信息产业将取代制造业成为支柱产业"之类的言论曾一度在报纸、杂志上吵得沸沸扬扬。

言下之意是，制造业将转手交给像中国那样的发展中国家，而日本会如同美国一般专攻信息产业和知识密集型产业。

然而，最终摆在人们眼前的事实是，进入21世纪之后，由于IT产业的泡沫余波未消，红极一时的"新经济论"也随之销声匿迹了。而日本的制造业在中国的挤压之下，昔日的辉煌早已过去，取而代之的是勉强维持生存，默默地寻求出路。据2003年版《制造业基础白皮书》公布的数据，日本2001年制造业的生产附加值占GDP的比例为20.8%，在国际上的排名仅次于德国，居世界第二。

制造业对GDP的贡献决不仅限于此，在制造业开展生产活动的同时，流通业、运输业、电力、天然气等各供给部门的生产都将被带动起来，如果把其他各相关部门在制造业生产带动下创造的GDP全部加起来，这个份额将达到GDP的32.4%。

也就是说，制造业支撑着日本经济的1/3。

出口份额可以看作是证明制造业重要性的另一个指标。日本的出口产品中工业品的比重达到了93.8%。资源匮乏的日本只有通过"进口原材料—深加工—再出口"这样的方式来获得外汇，再用外汇购买各种资源满足生产、生活的需要。这样的生产方式一天不能得到根本性的改变，制造业肩负的重任就一天不能松懈下来。

令人担忧的是工业出口产品的构成。一般机械、电子机械、运输机械、化学制品、精密机械、钢铁这六大类占到了总数的八成以上。也就是说，如果这六大类产品的市场不景气，日本的出口将受到严重的影响，外汇储备就会随之明显减少。可是，这些产业已经不可能再实现太大的突破，甚至长期保持现状都很困难，由此，尽快培育新的经济增长点，挖掘和扶持新产业已是迫在眉睫。

对新技术和新产品研发的投资可视为技术研发成果的源泉，在此环节中，MOT将发挥出巨大的作用。现在，日本民间给予新技术和新产品研发的投资中约九成都用在了制造业上，金额之大在发达国家中仅次于德国。反过来说，若是没有了民间企业向制造业源源不断的研发投入，日本科学技术的发展也将受阻。所以，要让更多的人铭记，我们的立国之本在于科学技术研发。

鉴于以上几点，毋庸置疑，制造业今后仍将是推动日本经济发展的重要引擎。近来很多人都在讲什么"今后将是软件业、服务业的时代……"，他们忘记了日本的强项是在制造业上，如果没有了制造业，12 600万

第二章　思索日本式MOT

国民的生计将无法保障。

不论怎么说，"以制造业立国"是日本的基本国策。

虽然，我们仍然坚持"以制造业立国"，但这已经不再是日本的专利。众所周知，中国正以不可阻挡之势赶上来。特别是在家电、电子、机械等领域，其发展态势更是如日中天。今天，在日本曾多年独占鳌头的电视机、洗衣机、电冰箱、音响等家电市场上，中国已经彻底颠覆了日本昔日的霸主地位。

过去，日本一直以相对先进的生产技术保持领先地位。但是今天的中国通过与日、美、欧企业合资等方式获得了技术上的提升，生产水平迅速提高。中国现在就像日本从明治维新之后进行现代化奋斗的近200年来一样，发扬"和魂洋才"[1]精神，"中体西用"（以中国之心运用于西方的技术），全神贯注地投入到学习先进技术和现代化发展上。用日本式的说法，应该称之为"华魂洋才"吧。

中国拥有五千年悠久的历史与文化根基，只要中国人能够在学习新技术和科研创新的过程中运用好东方的智慧，将深厚的传统文化发扬光大，那中国必定能从现在技术上的模仿阶段进入自主创新阶段，中国依靠自主研发技术，领导世界之日也将不太遥远了。神舟五号载人宇宙飞船的成功发射，足以证明中国的精英集团定能够不负众望，完成使命。

中国经济能够有今天的成果，当然要归功于20世纪80年代开始的改革开放政策。短短二十几年的时间就把中国缔造成了"世界工厂"，我们不得不认同其

---

[1] 这里，和指日本，洋指西方国家。

领导人制定政策时的高瞻远瞩与当机立断的勇气。

不仅领导人如此，在中国，就连在工厂里打工的年轻人都人人对自己的未来充满了希望。从农村进城来的打工者，边打工边给家乡的亲人寄去生活费，剩下的还精打细算存下一小部分，为以后的生计作准备。

实际上，两年前我曾去过沈阳市的两三家中日合资企业考察，亲眼看到中国的年轻人在生产第一线上生气勃勃工作的身影。他们不只满足于掌握自己份内的工作，还积极参加各种企业组织的活动，并对关于如何改善生产工艺、提高产品质量等问题踊跃发言。

看到这样的情景，我不禁回想起在经济高速成长年代里，日本的年轻人为工作废寝忘食的样子。日本现在年轻一代失去的东西，我在中国的年轻人身上看到了。我认为制造业的发展归根到底是在生产线上的人们日复一日的劳动中，在他们对产品、对工作的感知当中。

近年来，由于日本的制造业者终于承受不住日元汇率走高和成本上涨的双重压迫，向中国进行生产转移已如雪崩之势。不过，只是因为中国的人工费用、土地使用费等成本低而进行生产转移，而不从根本上改变成本构成体制的话，恐怕未必能实现生产转移的初衷。

在工业产品的成本中，人工费用只占10%左右，如果不以改变生产方式、提高生产能力的方法抵消生产成本上涨的话，那不论把生产基地转移到哪里去，最终都将无路可走。

因此，如果要移师中国，应该确立"开发市场，在

第二章　思索日本式MOT

中国生产面向中国消费者的产品"的指导思想，在此基础上，还要作好打持久战的准备，不取得消费者和市场的信赖决不轻易撤退。能与中国消费者直接沟通的人必定是中国人，所以企业在当地的法人代表，要委任那些讲汉语的中国籍员工。

现在，对于日本的制造业来说，不论是已经向中国进行生产转移的企业，还是仍立足于本土的企业，最重要的课题是重新认识自己，重新给自己定位，找出什么是自己最具优势和最核心的技术。重新探讨并确定企业今后的发展方向。正因为我们处在全球化的时代，所以，以上的课题关系到日本制造业将如何打造自己独创的品质，如何在竞争中夺取一席之地这些根本问题。

不要让MOT最终成为理工版的MBA

今天的日本，虽然以"制造业立国"为国策，但国际竞争力却逐渐削弱。这种危机感使得近年来提倡通过创新以拓展新事业的呼声越来越高，人们也深刻地意识到培养承担这种"创新"专家的必要性。在此背景下，美国首创的MOT课程显得格外引人注目。

在日本，对MOT的定义如下：

(1) 融合了理工科与经营管理学的教育与研究的大学研究生教学计划
(2) 颁发给工程师的一种资格（能作出符合企业战略之技术战略计划的人才）（理工版MOT）
(3) 在企业中能够将技术活用于经营战略的管理者
(4) 以技术为中心的经营战略，或者说经营方法等等大概有上述几种说法，具体的概念还没有最终确定下来，我个人对MOT的概念依照(4)作了如下的定义。

所谓MOT，就是把技术放在管理的讨论范畴内进行研究的学科，实践中则是以技术为中心制定和实施经营战略。

我想强调的是，MOT不只是教育机构的问题，而是企业生产第一线上应该用心学习的关于实践性经营管理的课题。如果在这个根本的认识问题上没有准确把握的话，本来极具指导意义的MOT就有可能以理工版MBA而寿终正寝。

首先，让我们来看看MOT在美国诞生的经过，以及后来为什么能在日本受到重视。

美国早在半个世纪前，也就是上个世纪的50年代起，就开始在商学院开设了MOT的课程。随后，到了20世纪80年代的时候，MOT课程在全美的大学研究生教育中迅速普及开来。

为了做西方世界霸主，冷战时代君临世界的美国所付出的代价就是，被财政赤字和贸易收支赤字这对双胞胎纠缠多年。结果导致20世纪80年代曾一度出现对外资产净余额减少至负数，人均国民生产总值被日本超出的经济衰退现象，俨然一派日美颠倒，世界第一经济强国的宝座要被日本夺走之势。

那时，里根政府力图重振美国经济，为了度过这次危机，进行了各种尝试和努力。1985年的"广场协定"，为改善出口环境下调美元汇率。同年，美国产业合作协会（总统的咨询团）提交了《Young Report》，实际上就

第二章　思索日本式MOT

是一份关于日本企业的研究报告和对策草案。

在一系列振兴经济的政策中，焦点最后落在了人才的培养上，尤其是培养具有经营头脑的科研人员。从某种意义上说，从20世纪80年代开始，全美研究生阶段的教育中，MOT的迅速普及就是对这一点的最好反映。

美国的科研水平在基础科学方面是走在世界前列的，可是在将科研成果转化为生产力或者新产品上面就显得相对落后一些。针对这种情况，就需要通过MOT培养承担起桥梁作用的人才，强化技术与经营的结合。

与之相反，日本自二战以后，一直奉行"追赶欧美，超越欧美"这样的赶超策略，企业的研发不是基础学科的研究，而是把工作的重点放在了应用上，与其说是自主创新、发展科技，不如说是通过在量贩❶技术等生产性的技术方面寻找突破口来追赶欧美。

这个"赶超策略"的理论基础就是日本闻名于世的集体主义及其经营理念。不论是技术人员还是科研人员，并不是单兵作战自行研究创新，而是根据整体的步调追求与同行一致的制造水准与品质。在那个以量取胜的时代里，这种日本式经营取得了巨大的成功。以至于在20世纪80年代，傅高义（Ezra F. Vogel）❷所著的《Japan as NO.1》曾经在一个时期引起世界范围内的洛阳纸贵。

但是，进入到20世纪90年代，同质化商品的市场趋于饱和，消费者在消费时更看重商品的"质"而非"量"。屋漏偏逢连阴雨，接踵而至的是泡沫经济的崩溃，东南亚经济危机，还有中国的崛起……这些终于把日本的制造业推向了绝境。

---

❶ 量贩，即大量销售。　　❷ 哈佛大学东亚研究所所长。

然而，这个时候的美国却正通过信息、生物、宇宙等技术升发带动制造业的产业复苏与升级，并以此广泛获得知识产权。很清楚地记得，就在20世纪90年代后半叶，美国经济稳步驶入与华尔街的盛况相呼应，与经济大环境前所未有的景气相呼应的快车道。从某种程度上也可以说，是千千万万在商学院完成了MOT课程培训，富有创造性的问题解决型人才支撑起了美国今天的辉煌。

现在，美国总共有160多所大学里设有MOT课程的培养项目，每年向社会输送超过一万名MOT人才。而日本仍处于启蒙阶段，不论是从开设课程的学校，还是在读学生的人数，都远不及美国。我认为，日本从现在开始认识到这种差距并开始着力于MOT课程的教育，是相当有现实意义的。

再先进的技术，没有销路也是死路一条

让我们用更微观的视角重新审视MOT吧。按照IMD公布的国际竞争力评估结果，日本在科学与技术研究方面的水平位于世界前列，但是管理水平方面的得分相当低。这样的结果也可以看成是高水准的科技能力不能转化为生产力的一种表现。

说到这里，联想到最近很多专家谈话间经常提到的"死亡之谷"(The Valley of Death)与"达尔文之海"(The Darwinian Sea)这两个词。

所谓"死亡之谷"是横在基础科学研究与应用科学研究之间的深渊，说的就是基础科学研究人员呕心沥血

第二章 思索日本式MOT

获得的科技成果，如果不能转化为生产力，转化到新产品中去，那么又将被历史的尘埃埋葬。(参照图2－1)

顺便说一下，"死亡之谷"这个词出自于《圣经·旧约》中诗篇的第二十三编《戴维》。

> 主是我的牧者，我必不至缺乏。
> 他使我的灵魂苏醒，引导我走上正途。
> 我虽然行过死荫的幽谷，也不怕遭遇暗害。
> 我一生的日子必有福祉和坚爱相随，因主与我同在。

神在教诲以色列的国王戴维时，提到了诗中"死荫的幽谷"这个词，告诉他在努力完成使命的过程中，必定会有困难挡在前进路途中这样的常理。

至于"达尔文之海"如图2-1所示，即便能将科学技术的研究成果转化为产

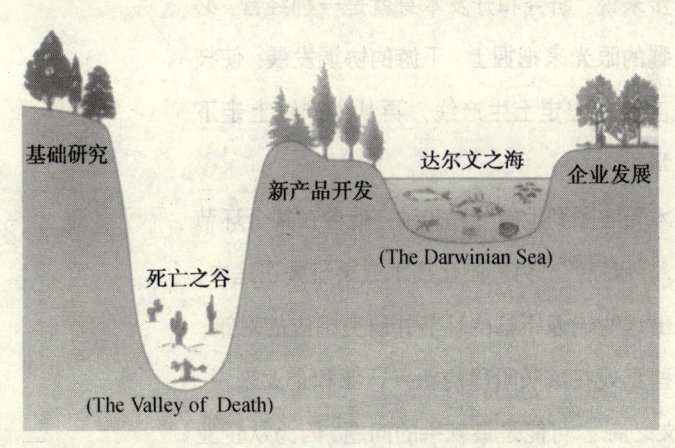

图2-1 "死亡之谷"与"达尔文之海"
来源：依照美国标准技术局资料绘制

品与服务，如不能在激烈的市场竞争中（犹如自然界的自然选择、弱肉强食，如图中各种生存在达尔文之海中的鱼儿接受自然选择法的淘汰筛选一样）脱颖而出，同样也无法生存下去。

作为企业来说，只有将新产品销售出去，才能在下一轮的市场竞争中夺得生存的机会。故而，企业为了不被残酷的市场竞争淘汰（沉没于达尔文之海），就必须不断地追求创新。

不论是"死亡之谷"，还是"达尔文之海"，都将成为MOT的重要主题。在我看来，先进技术不能转化为成生产力——这个被比作是"死亡之谷"，实际上就是怎样对待"R"（研究）和"D"（开发）的问题。

研究与开发都需要统揽全局，把上流与下流整体的动向全部尽收眼底进行运作，两者必须做到不偏不倚。如果眼光不够宽广只注重一头，不能平衡、协调地发展，总有一天会断流。

更进一步来说，研究和开发本身就是一种经营，必须以高瞻远瞩的眼光来把握上、下游的协调发展。使技术顺利地从实验室里走上生产线，再从生产线上走下来，进入市场。

如果技术无法顺利地转化和流动，就会在某个环节上停滞并沉入"海底"。为了不让技术成果流失在途中，企业必须找出这些流通不畅的环节并研究相应的对策。

对于那些正处在成长阶段的新兴行业和企业来说，穿越"达尔文之海"可能是最棘手的问题。因为从企业成功起飞进入到水平飞行的阶段，始终要面对残酷的市

第二章　思索日本式MOT

场竞争。

一般来说，生产企业的产业链始于产品的研发，随后通过这个过程中产生出来的技术（Technology），创造出新产品（Products），接着再把产品推向市场（Market），然后得到消费者（最终产品为消费品情况下）或者用户（最终产品为生产资料的情况下）的评价。在这个周期之后，企业基于来自于消费者或者用户的评价，再开始下一个周期更高层次的新技术（T）开发。

也就是说，企业的经营是在技术（T）—产品（P）—市场（M）—T 这样的循环中进行的。研发部门中创造出技术，生产部门制造出产品，开拓市场和占领市场的任务由销售部门和市场部门去承担。

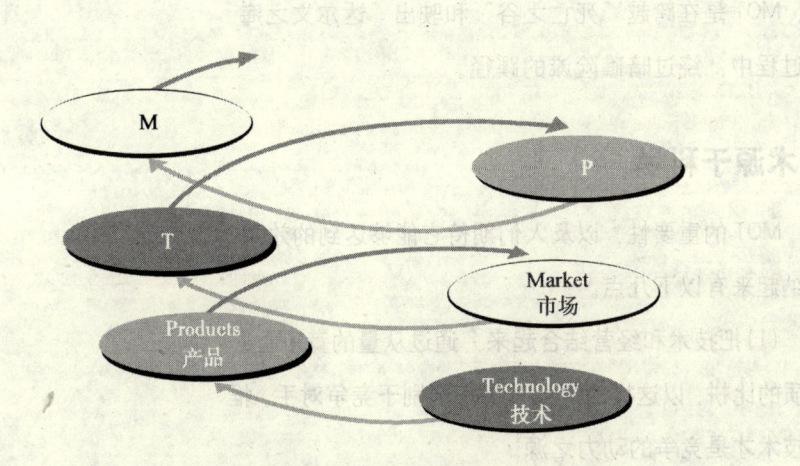

图2-2　TPM 的循环（Products 下面对应的是"产品"）

在这个循环中我们要特别注意以产品为介质的市场与技术之间的对话。所谓管理就是做好市场调查，并将技术与市场有机地联系起来的工作。

所谓以技术为核心的企业经营，即MOT，指的就是在TPM的循环中不让技术流失在途中，使之顺利完成循环，并在此过程中产生利润，然后将利润再投入到新技术的研发中去，实现螺旋式上升。

21世纪是"知识的世纪"、"创造的世纪"。投放到市场上的产品，光有优良的性能和可靠的品质已经远远不能赢得市场了，我们现在所处的时代，消费者们对产品在感性方面提出了更高、更深层次的要求。他们所需要的产品，是具有能使人在使用过程中得到快乐和满足感体验价值的产品。也可以说，21世纪是需要把技术和经营结合起来进行创新的时代。

正因为这样，我们需要培养能够正确评估技术，并能将技术灵活运用于经营战略中去的人才。也正因如此，MOT课程引起了广泛的关注。在这种意义上也可以说，MOT是在跨越"死亡之谷"和驶出"达尔文之海"的过程中，绕过暗礁险滩的蹊径。

技术源于科学

MOT的重要性，以及人们期待它能够达到的效果，归纳起来有以下几点。

(1)把技术和经营结合起来，通过从量的竞争上升到质的比拼，以这样的产业升级来区别于竞争对手。惟有技术才是竞争的动力之源。

(2)及时将新技术转化为生产力，只要将研发和产品有机地结合起来，就能给技术注入生机与活力，从而延长产品的生命周期。

第二章　思索日本式MOT

(3)积极储备技术与管理两方面知识兼备的人才,技术经营战略上的百家争鸣、百花齐放将带来划时代的创造。

(4)培养能够了解基础科学、技术研发、产品、市场各个要素,并能够进行整体思考的人才。

综上所述,只要能够娴熟而巧妙地把技术运用于经营❶之中,就可轻松地甩开竞争对手,因为技术上的优劣良差是最容易与竞争对手形成对比、拉开档次的。

毋庸置疑,如果要实施以技术为核心的经营,企业内部就必须拥有各种担任MOT的人才,同时还需要有从全局看问题的视角。人们平时容易有看问题只看部分的倾向,总是以分析解剖的态度对待事物,而立足于"质"的MOT所不可缺少的是整体地、综合地、从事物的原貌出发去对待问题、解决问题。

技术与带动先进技术的经营管理,将是企业提高竞争力的源泉。在这里我希望大家留意的是MOT中的T,即M(管理)的对象T(技术)究竟是什么?

不久之前的制造业,技术只存在于企业内部。范围稍微扩大一点来看,各种技术都只通用于纤维、冶金、医药、造纸、化工等行业之内。可是近年来,企业与其他研究单位或者大学合作,共同研究或者购买技术专利、进行技术交换,还有取得技术的使用权等现象层出不穷。技术许可已经变成了相当普遍的事情。换个角度来说,现在要做的是如何把企业内部与外部的技术成功地嫁接在一起。

如果实践中能做到这种嫁接,那么对于企业来说技术到底意味着什么呢?技术的本质是用人力、物力、资金、信息这些经营资源换来更有价值的产品或者服务,是一系列的过程。

---

❶ 经营包括生产、市场营销、物流、销售等多个要素。

换句话说，技术不只局限于研发和制造环节中，还存在于物流、市场营销、销售等各个领域和部门当中。实际上现在"物流技术"、"销售技术"这些词汇也已经被广泛使用开来。

不过，作为MOT研究对象的技术，应该还是要限定为"通过把科学运用在改造自然的实践中，为人类生活造福"（《广辞苑》第五版）才更准确些吧。这里的科学指的当然是自然科学，我们知道只有延伸基础科学的深度和广度，才能将技术推上高峰——这一点一定要铭记。

要创造出好的技术，必须在基础科学研究上加大力度。所以我们应该在MOT的基础上添加"Science"的"S"，即要朝着"MOST"（Management of Science and Technology，科学技术经营）的目标努力。

换个角度来看，科学是用来向我们解释秋天树叶为什么会变成红叶的原理，而技术则是将这种原理运用于实际的产品或者服务当中，使之以可见的、有价值的、实用的形式造福于人类，使我们的生活更便利。这就是科学和技术的区别所在。

也就是说，是技术让科学带有了目的性，是技术借助产品和服务作为媒介赋予科学以丰富的生命力。技术的开发源于对科学的探索，不论是企业的经营策略还是国家的发展战略，要想展望未来都必须谨遵此法则。

坚定不移地打破文理鸿沟

仔细回忆一下，最初提出技术与经营结合重要性

第二章　思索日本式MOT

的并不是MOT。众所周知，日本的制造业历来都是由技术的优劣来决定成败的。

丰田、本田、佳能、理光、夏普等，这些企业无一例外是通过新技术开发来推动企业不断进入新的经营战略周期，从而实现企业的发展并获得全球化扩张战略成功的。在日本，像他们这样的国际知名企业数不胜数。

所以，我们今后要引进MOT，不能生搬硬套舶来的美国版本，而要对其进行改版，添加日本自己的实例。我们所期待的MOT要更加信赖来自生产第一线的经验与传统，因为那里曾经诞生了日本引以为豪的"改善"、"招牌"这些概念，是将每个个体的知识凝结成集体大智慧的MOT，是发扬日本制造业集体主义光辉传统的MOT，也是在技术中充分融合了人文关怀的MOT。

我们工作的重点，就是培育出能在企业经营中贯彻执行"技术管理"（MOT）的人才。不论企业有多么好的硬件基础，如果没有人去操作，一切都将是空谈。有了好的人才，才能弥补企业硬件条件上的不足，才能挖掘出企业的潜能。

我心目中理想的MOT人才，是能够扎根于自己本专业，并且能放眼世界的人才；是立足于自己专业的基础之上，善于与相关部门交流合作的人才。与之形成鲜明对照的就是人们常说的那些所谓的"书呆子"，他们擅长纸上谈兵，却缺乏动手能力和创造力，这些人无法承担起技术管理的重任。

另外很重要的一点，就是不论集合了多少优秀的人才，如果大家不能统一思想、统一行动的话，就会失去前进的方向，所以需要有一个灵魂式的人物来统揽全局。假设有100位精英人才，如果不能有效地组织在一起的话，就是一盘散沙，你往东，我往西，最后说不定大家的力量将相互抵消为零。因此，我们需要有一位能够统率千军万马的领军人物，由他统筹安排，统一规划，将大家的力量拧成一股绳，使大家心往一处想，劲往一处使。我们需要的MOT经理，他的职责重点就是针对技术、生产、营销、物流、销售等各个环节，制定出全盘一体化的战略蓝图。

技术管理非常重要，但并不是说让技术部门的同事们都要注重管理工作。我所强调的是，大家要谦虚地反省自己，在今后的工作中培养自己经营战略策划的能力。如果在工作实践中能够涌现出具备上面所说能力的优秀带头人，那么企业便可展现出超乎想像的发展潜力。平常看不到的属于企业本身的智慧将得以激发，团队将实现1+1＞2的飞跃，即聚合起来的力量远远大于单个成员力量的简单相加，甚至会达到几何式增长。MOT最大的任务也就是把企业的集体智慧激发出来，并运用到经营中去。

事实上，想要做到这些，还需要跨越好几条"鸿沟"。

第一条鸿沟是文、理科间的鸿沟。自明治维新以来，日本的大学文理科划分泾渭分明，相互间井水不犯河水，自成体系。二战后，不少大学曾成立了如文理学部和素质培养学部等，试图打破文理间的界限，但最后都半途而废。我们要做的就是深刻总结原来试图打破文理界限的经验，吸取教训，构建出深化文理互动的双向教育体系。

第二条鸿沟则是横在理科部门之间的壁垒。现代科学技术的发展使各学科间分工越来越细，医学就是最典型的代表。分工细化的结果产生了"只知脏器而不知全身"这样滑稽的医生，这也许可以说是现代科学技术分工细化带来的弊端。这虽然是既极端又抽象的例子，

第二章　思索日本式MOT

但今后我们需要对科学研究的专业化、细分化深刻反思，并着手去重新构建能够高瞻远瞩、纵观全局的科研氛围。

说起文理间的鸿沟，我们不禁想起了文艺复兴时期的旷世奇才达·芬奇。其代表作有大家熟知的《蒙娜丽莎》、《最后的晚餐》等，他不仅是意大利文艺复兴时期最杰出的画家之一，还是伟大的雕塑家、建筑家，同时他还是杰出的诗人和思想家，而且又是科学巨匠，精通物理学、解剖学、土木工程学等。在达·芬奇身上，文理学科之间不存在任何障碍。

想做到达·芬奇那样恐怕很困难。不过，以他为榜样，朝着这个方向努力便可走上通往MOT的光明大道。

同样是看到积雪，理科背景的人也许会想"雪化了就变成水"，而文科背景的人眼中雪景令人联想到的是"雪化了春天就来了"，对积雪的看法我们无法限定哪一种看法是正确的，不论怎么看待都可以，关键在于能够自圆其说。当然，要打破文理之间的隔阂、专业之间的壁垒绝非易事。

那么在企业中，什么样的人才可以担任MOT的工作呢？MOT在"融合技术战略与经营战略"这个层次上讲，是培养将来的CTO（chief technology officer，首席技术官）。但是，现实的问题是企业中能成为CTO的人是极少数，也就是说，大部分人都无法最后被任命为CTO。

所以，我们所要培养的MOT管理人才，是具有团队精神，善于合作的人才。比方说在研究所[1]的人才，应该既是研究人员，还能够兼顾企业全局的人，或者

---

[1] 研究所属于日本企业中的研发部门。

说是能够提出以技术为核心的新理念的人。再进一步来说，就是能够与研究工作相关的财务、管理、生产、销售、物流、营销各部门人员很好地沟通和协作的人。

再进一步来说，是要培养善于从不同角度看问题，而且能够透过现象看本质的人才。在这一点上，企业中应该形成岗位交流机制，因为这是一条培养具有发散思维人才的捷径。

比方说，在以日化产品著称的K企业中，把研究所的人员调到市场部门，让他们在那里学习一些市场方面的东西，然后再回到研究所中去工作，并且定期地、积极坚持参与研究所人员与其他部门人员之间的岗位交流活动。这种跨部门的岗位交流，是培养MOT人才的第一步。一般来说，欲改变企业中已有的人事组织结构，真正要实施起来工作中将会困难重重，但只要下决心还是能够收到成效的。

人才流动不仅局限于企业内部，还有必要在企业与官厅❶和大学间广泛开展岗位交流活动。现在已有一部分私立大学开展起了生动活泼的人才交流活动。相信通过这样的尝试，会不断涌现出具有新型经营理念的技术管理接班人。

❶ 指政府机关。

技术人员支撑着制造业

那么，让我们试想一下，当一个企业新推出一款畅销产品时，其竞争企业的员工们会做出什么反应呢？"哦！原来他们推出了这样的产品，我们若不能赶紧推出可以与之抗衡的产品，岂不是……"至少作为研发部

40

的员工们可能会这样去想吧。

虽然原本在研发中是要处处从消费者的需要着眼的，但是在实际工作当中很容易出现上面那种心态。与同行的竞争，往往会使注意力逐渐放在竞争对手的一举一动上，不知不觉间忽视了消费者。一旦出现这样的情况，产品开发的水平和目标都会降低，眼光也会变得狭隘，形成了"别的企业开发出100分的产品，我们就要开发出105分、110分的产品"。其后果则是开发出的产品，不具备创新性和异质性。当然也就无法真正满足消费者的需求。

和竞争对手做不同的产品，相比与竞争对手生产同样的产品风险更大，这是MOT的一个重要主题。

解决问题的关键是要开发出"消费者没有见过、没有使用过的产品"，而不是一味地和对手竞争。不做"竞争对手没有的产品"，而要做"消费者没有的产品"。这是研发应遵循的思路。不是说竞争对手的产品能得100分，我们就要做到105分甚至110分，我们至少也要达到150分。不！应生产出能得200分的产品来！工作重点从产品竞争转移到创新的竞争上来。创新就是要造出前所未有的"质"，人的创造力是无穷的。

说到这儿，我想起原来去访问英国K公司的子公司时，我看到他们在每个房间的门上都贴着写有"Quality begins with people"（"质源于人"）字样的纸条，这个发现给我很大震动，让我重新领会了一遍"制造业以质为本，质源于人"的深刻含义，只有建立起让劳动者每个人都能最大限度发挥自己能力的工作环境和机制，才可以谈得上去创造出独特的品质。

那么，什么样的制造业组织结构才能让人的力量最大限度地发挥出来呢？

这样说或许有些唐突和武断，可我还是认为，理想的组织结构模型恰恰就在传统手艺人的生活方式和工作生涯之中。手艺人的世界，生产与他们的人生已经融为一体。他们对于工作没有半点懈怠。手艺人的手和脚已经和工具融为一体。工具也成了身体的一部分，是肢体的延伸。他们在工作中成长，在工作中得到人生的乐趣、实现人生的价值。在这样的世界中，他们有自己的审美意识，并对此矢志不渝。不论别人怎么夸赞，只要他们认定是"无用之物"，肯定会销毁掉。他们虽然不善表达，但他们有自己的哲学，并将其注入到生产中，揉进了产品里。

像这样的人有很多，不仅包括传统的手工艺人，而今，更多的是供职于制造业企业的技术人员。我在K公司研究所工作期间，曾有过很多与技术人员打交道的经历。

有位负责开发卫生用具工作的M研究员，工作极其敬业，在试验中经常废寝忘食，具备技术人员特有的气质。我在那里工作期间，他常会拿正在试验过程中的产品来问我："这个……你觉得怎么样？"我也会直言不讳地表达自己的观点："哎呀，这样恐怕不行，要不这么改一下？"我们经过了很多回合像这样的讨论。那个发明在他退休前仍没能成为产品上市，不过在他退休后终于由他的接班人们完成了，并取得了巨大的成功，至今还很受消费者欢迎。

记得有位研发漂白剂和定型剂的N研究员，和做口腔护理品的E先生，还有另一位致力于香料产品的N研

第二章　思索日本式MOT

究员，他们带领一大批相关的技术研究人员为了开发新产品呕心沥血，可以说没有他们对研发工作近乎于狂热的激情和努力，就不会有K公司的今天。他们的事迹告诉我们，创新的欲望和梦想正是研发工作的推动力。

这些研究员的共同之处就在于，他们不仅仅只是技术人员，而是为技术寻找出口——即让产品具有优良的性能和突出的特点，从而获得市场。对他们来说，技术是产品的内涵，虽然很多东西可以用技术来讲明白，但他们更热衷于通过产品证明自己的观点，"产品就代表自己的主张"。这不正是与传统手艺人的气质不谋而合吗？传统工艺的手艺人也是通过自己做出来的手艺活儿决定孰胜孰负的。我们在使用凝结着手艺人心血的产品时，时常能够感受到手艺人那份对于工艺的执着，以及他们对工作的投入。

技术人员在开发新产品的过程中，必定要得到上级领导的支持，在向领导汇报工作时，与其去解释技术和计划，不如通过具体的实物展示给领导，这样简单明了、形象感强，更具说服力。在向领导汇报时用最简洁的方式——实物，如果能获得领导的理解和支持，就必能得到更多人的支持，这样，研发的范围变得更宽阔，工作也将随之顺利推进。在这一连串的环节中，来自上级领导的鞭策和激励至关重要。

传统手艺人常说："没有好的顾客，就无法成为真正技艺高超的手艺人"。只有顾客对他们的工作给予积极的肯定，手艺人的技艺才能越来越精湛。在绘画、音乐等艺术领域，也有同样的规律。如果没有伯乐似的赞助人或者老板，人再有天赋也无法成长为伟大的画家或者音乐家。至少到19世纪末这种状况都没有改变。这个问题我们在考虑制造业的体制结构时应该予以重视。

现实中的确有很多技术人员积极投身于新产品研发，但是如果他们的研究成果不能最终送到消费者手中，心血就会付诸东流。我们，常能看到一些电视节目或者杂志报道新产品开发背后的故事，其中一部分就是介绍研制出的新产品因遭到企业内的反对导致研究成果被埋葬的案例，也就是在"死亡之谷"沉没了。研究人员不气馁、不放弃，继续苦苦探索，与市场部门的同事还有企业之外的科研人员探讨，与消费者交流，听取他们的意见和需要，重新向创新发起挑战。终于，空前绝后的产品问世了，一上市便炙手可热。成功的研发故事大体都是这样的。

那些被介绍给大家的技术人员，很多人谈起过去艰辛的创业历程都不禁热泪盈眶。他们所经历的磨难正是亲身体验了技术转化为生产力的全过程，以及营销（同消费者对话）的全过程。

可是，在考虑将研发充分与市场相联之前，是否该想一想，怎样能够将具有技术手艺人特色的制造业，和手艺人把工作（技术）生活融为一体的热情与工作方式引入制造业的日常工作当中？

实际上，在制造业的生产第一线上，上述尝试已经在所有的环节都进行了。据说，某知名企业在总工厂的一角开设了"匠道场"❶，请来经济快速成长期❷入社的技术专家每周为年轻的后辈传授技能，为期一年。其目的便是让年轻人把前辈附加价值相当高的熟练技术继承下来。去那里进修的年轻人，除了就职于生产第一线的技术工人，还包括大学毕业和研究生毕业的技

❶ 进修场所的名字。

❷ 指20世纪六七十年代。

术人员。

另外，北海道有一家家具生产企业，该企业有意识地把经验丰富的技术人员和新手编排在一起工作，以便于技艺更好地传承。目的不只停留在让年轻员工向前辈学习技能，更深层次的目的在于，让他们在学习过程中感受前辈对工作一丝不苟的态度和对产品品质的执着追求，并将这些优良传统继承下去。

另一方面，老一辈经验丰富的技术人员也能从年轻技术人员身上学习计算机和信息技术等很多新知识。他们之间就这样建立起"give and take"（"相互给予"）的关系。通过这一系列的尝试，日本的制造业应该会有更多新型的高级熟练技工、复合型技术人员涌现出来。

制造业企业充满传奇色彩的成功大多源于最初的"梦想"。充满热情、意志坚定都只为实现梦想，不断探索和改善……可这些光辉的传统在现代化的日本正在慢慢消失。我想，传统手工艺人或者技术精湛的技术人员，他们在工作中的表现，定能够为正在消亡的制造业之魂提供与时俱进的新楷模。

第三章

重塑制造业之魂

技术工人的摇篮——池之端七轩町

现在，日本全国的研究生培养机构都在大幅增开MOT，仔细考察这些MOT教育，我们会发现一个令人担忧的问题，那就是目前的MOT教育仍停留在舶来品——MBA理工版的层面上，即美国式课程的模式。其最大的问题在于缺乏"对人的锻造"这个要素。就是培养技术人员的优良品质，让他们继承并发扬手艺人那种为实现工艺与品质的梦想，而充满热情、意志坚定，并不断追求更高境界的精神气质。

起码，在制造业内，确立"生产为经营的核心"这一点是不言而喻的。这一章里，我们要试图从那些兢兢业业工作支撑起日本传统工业的手艺人身上，探索什么是制造业之魂。

一提到制造业，我脑海中总会浮现出东京上野不忍池附近的池之端七轩町的画面。这条夹在旧上野[1]侯爵府和不忍[2]大街之间的小巷正是我出生的地

---

[1] 上野，地名。
[2] 不忍，地名。

方。从江户时代起，上野就因聚集众多的手工艺匠人而闻名，之后这里又成了以制造业为生的技术工人的摇篮。

我的父亲原来经营着一个小印刷厂，还兼承接些制作小型广告文案的业务。儿时的记忆中，四邻都是木工店、金银首饰店、字画装裱店、五金店、裱糊工具店、铅板店、毛刷店、竹器店、锻造店、石器店、塌塌米店、弓箭店等的手艺人。每家都是前店后场，边制作边开店。每每走过这里，手艺人们全身心投入工作的身影便会映入我的眼帘。手艺人们就是在这种工作与生活合二为一的环境中学习手艺，然后在岁月的轮回中磨砺成为手艺精湛的行家里手。他们的人生都是工作与生活交织融合的演绎。现在回忆起来，那时的一切奠定了我脑中制造业图景的基调。

战后，池之端七轩町更名为池之端二丁目[1]，池之端七轩町原来属于下谷区，后来下谷区与浅草区合并后组成了台东区。1944年起，美国的B-29轰炸机开始频繁地在东京天空上掠过。战后，这条街发展迅猛，但是我却没有亲眼见证全街旧貌换新颜的过程。

当战争不断升级，国内陷入物资极度匮乏困境的时候，为了弥补武器弹药生产的不足，国内所有金属制成的锅、斧等全部都被征用。我家赖以维持生计的印刷机也被征用运到了国外（因为机器整个就像是个大铁疙瘩）。而后来，失去谋生的手段却成了我们被疏散的理由之一。那一年的11月开始，空袭越来越猛烈，到了次年3月，上野周边地区，包括池之端七轩町，所有的

[1] 相当于池之端二路。

第三章 重塑制造业之魂

49

街道全部变成废墟，我们家原来的房子也毫不例外地化为灰烬了。到 1944 年夏天，我们全家被疏散回父母亲的老家——福岛，之后再也没有搬回来。记得那年我正读小学五年级。

几年前，疏散后的首次忍冈小学的同窗会，让我再次回到了阔别了将近 60 载的街巷，那是同学们时隔半个世纪的重逢。回首往事，大家打开了话匣子，奇怪的是当年街道上的手艺人常常被我们不经意地提起，甚至成了热点话题。"××君的邻居是××店""再旁边是××铺"……这些回忆和聚居着手艺人的七轩町昔日的生活景象一同深深地刻在我们儿时的记忆里，那些手艺人引起了我们对往事的无限追忆……

在那之后，再去上野的时候我就尽量找时间到七轩町周围闲逛，有时去不忍池❶和上野山❷那些小时候玩耍过的地方，有时还会去节日里跟妈妈去的根津神社❸。

街道的样子已经完全改变了，只有上野山的自然景观还保留着昔日的容颜。江户时代❹以来的手工艺人们是否已与这里的自然融为一体，培养出一种独特的

---

❶ 不忍池：在上野公园内，以其荷花久负盛名。

❷ 上野山，地名。

❸ 根津神社：是距今大约 1900 年前，由日本武尊在千驮木地区创祀而传下来的古老神社。在文明年间，太田道灌奉建了神社的大殿，在江户时代五代将军德川纲吉在决定继承天皇之际奉建了现在的社殿，从千驮木的旧神社所在地迁座而来。明治维新时，明治天皇在这里祈愿国泰民安等，因此是从古至今神威高明的著名神社。

❹ 日本的江户时代是指从公元 1603 年到 1867 年，这个时期正是德川幕府坐镇江户（现东京），操纵天皇，掌控诸侯，统治整个日本的时代。在这个漫长而相对和平的年代里，日本实行着"闭关锁国"的政策，因此，以平民为中心的文化也相应兴起。同时，这个时期的社会风貌对现代日本人思想的形成也起到了奠基作用。

手艺人气质了呢？我边走边思考这个问题。

不过，据历史学家考证，手艺人这个称谓是江户时代之后才出现的，指制造和加工物品的手工业者。

当然，在那之前就已经有了从事制造业的匠人了。暂且不说狩猎捕鱼时要使用由手艺人制造的石器、农业生产中要使用由手艺人铸造的铁器，古代都城的建设以及寺院的营造，都与具有高度土木建筑技艺的匠人们的努力分不开。法隆寺❶堪称是世界最古老的木质建筑物，是日本引以为自豪的文化遗产。如果没有那些熟知木材特性、擅长木工建筑技艺的宫廷木工们，无法想像是否会有法隆寺今天的辉煌。同样，东大寺大佛❷的铸造，也凝聚了当时铸造师们的心血。

但是，这些古代的手艺人们都隶属于王宫、贵族、权贵等权利集团，地位低下，不被称为手艺人而是被叫作工人。到了镰仓时代❸，才以手工艺人（自己的技术和工具自行独立谋生的手工业者）的身份登上了历史舞台。

然而，在中世纪❹，手艺人这个称谓不仅指制造业中的技术工人，还泛指管理庄园的下级职员、摆弄歌舞音律的艺人、传授佛道的僧侣、画师、风水先生等，凡是具有某种特殊技术、知识和才能的人全都被称为"手艺人"。其中还包括医生、零售商人、渔民，甚至还包括作为"江湖中人"的赌徒。今天我们所说的专业技术人员当时都被叫作手艺人。

这种情况到了战国❺末期开始改变，全国的大名❻领地里各自形成了城下町，按照职能不同，逐渐发展出

❶ 法隆寺，又称斑鸠寺，位于日本奈良生驹郡斑鸠地区，是圣德太子于飞鸟时代建造的佛教木结构寺庙，现在是圣德宗的本山。法隆寺是日本的国宝，1993年列入世界文化遗产名录。

❷ 东大寺因供奉着世界最大的卢舍那大佛而被列入世界文化遗产名录，是公元728年遵照重圣武天皇圣旨，仿中国寺院建筑而兴建的。这里的建筑、雕塑、藏品在日本美术史上占有特殊的地位。

❸ 镰仓时代(1192～1333)：是源赖朝(1147～1199)于1185年推翻平氏，1192年称"征夷大将军"正式在镰仓地方(今神奈川境内)设置幕府，到1333年北条氏灭亡、镰仓幕府被推翻为止的时期。

❹ 中世纪(12～16世纪)包括镰仓时代和室町时代。

❺ 战国时代：即室町末期及安土·桃山时代。

❻ 大名：日本封建社会占有大量名田（登记入册的土地）的大领主。平安时期由庄民、公民分化出来占有名田的人称为名主，按占田多少分为大名、小名。

50

第三章 重塑制造业之魂

来冶炼町、制铁町、木工町等。到了江户时代城下町作为消费型城市发展起来，城市居民生活对必需品的需求不断增长。于是，很多农村劳动力流入城市成为新的手艺人，再通过学徒制度形成了手艺人社会。

江户时代以后，士农工商的身份制度被确定下来，手艺人也作为独立的社会阶层不断发展壮大起来。于是，在近代，手艺人这个概念最终被限定为：和制造业相关的手工业者。

图3-1　职人歌合绘❶中所描绘的日本手艺人

第一行自左向右分别为：做斗笠的师傅、泥瓦匠、箭箱制造师傅。
第二行自左向右分别为：铁匠、盔甲匠、做伞的师傅。泥瓦匠出自《建保职人歌合绘板本》，其他均出自《七十一番职人歌合绘》。

❶ 参考"职人尽绘"。

这些手艺人的形象从室町时代❶到江户时代期间，在各种职人尽绘❷中被描绘得栩栩如生。比如《职人歌合绘卷》、《职人尽绘屏风》、《洛中洛外图屏风》、《喜多院职人尽绘》、《彩画职人部类》等。在没有照片的时代，这些画卷、屏风画就成了我们今天了解当时手艺人们所使用工具、手工艺的制造技法等信息的珍贵资料。

培理提督❸的感叹

上野山曾经是1868年（庆应四年）幕军❹的彰义队❺惨败在官军洋炮之下的上野战争的古战场。从那以后，日本的历史翻开了新的一页——明治时代❻，对于向来以擅长传统手工艺技术著称的江户手艺人们来说，文明开化❼还只是漫漫寒冬的初雪。明治新政府为了建设现代化的国家，推行了殖产兴业❽的政策。官营福冈制丝厂和海军工厂就是引入西欧的机械化生产的典型工厂。

就这样，大规模机械化生产工厂的发展，开始侵蚀手艺人们家族式的手工业生产领域，然而，出人意料的是，这促成了手艺人雇佣劳动化的发展。最终，手艺人们残存下来的领地是那些机械生产无能为力的领域。

虽然这么说，尚处于批发商制家族式手工作坊阶段的日本制造业，能马上与西欧的机械化生产嫁接，并且取得不错的成果，无疑是依靠江户时期培养出来的手艺人们那高水准的技术基础。关于当时手艺人高超的技术水平，幕府末期黑船来航❾迫使日本打开国门的培理（Pelly）提督曾写过下面一段话。

---

❶ 室町时代（1338~1573），是日本史中世纪时代的一个划分。尊氏对应后醍醐的南朝建立了北朝，于1336年建立室町幕府。两个朝廷对立的南北朝时代一直持续到公元1392年，最后被北朝统一。以应仁之乱为契机日本进入了战国时代。

❷ 职人尽绘：16世纪（安土桃山时代）之后，描绘职人的屏风画。日文中职人意为手艺人。

❸ 美国海军军人。出生在美国罗得艾兰州，父亲是海军上校，1837年2月晋升为海军上校，1841年被任命为纽约港内全部舰队的司令长官，获提督的称号。1852年3月，任命为东印度舰队司令长官，于1853年7月8日来到了日本的浦贺，久里滨，向日本政府交了美国总统的国书。次年（嘉永7年1月16日）再次访日，于横滨签署了《日美亲和条约》（3月31日）。1857年退役，在完成了《美国舰队支那近海及日本远征记》三个月后，于1858年3月4日去世，终年63岁。

❹ 幕军：即幕府的军队，幕府：是古时日本一种权力曾一度凌驾于天皇之上的中央政府机构。常以"挟天子以令诸侯"的方式对国家进行统治，其最高权力者为征夷大将军，亦称幕府将军。日本历史上共经历了镰仓幕府、室町幕府、江户幕府三个幕府历史时期。

❺ 彰义队：佐幕组织，由天野八郎（1831~1866）在德川庆喜隐退后组织并集结于上野，攻击新政府军。结果被大村益次郎一日间横扫，天野也终于病死狱中。

❻ 明治时代（1867~1912）1868年1月3日，代表资产阶级和新兴地主阶级利益的倒幕派，在有"维新三杰"之称的大久保利通、西乡隆盛、木户孝允的领导下，成功发动政变，迫使德川幕府第15代将军德川庆喜交出政权，孝明天皇之子睦仁继承皇位，改年号为"明治"，同时发布"王政复古"诏书。这就是日本历史上的"明治维新"。日本从此走上资本主义道路。1868年（明治二年），明治天皇迁都江户，并改名为东京。之后从政治、经济、文教、外交等方面进行了一系列重大的改革。日本国力逐渐强大。

52

第三章 重塑制造业之魂

实际上，日本人在机械技术方面显示出了超常的精巧细致。与他们所用工具的简陋和关于机械知识的匮乏相比，他们手工方面的技术堪称非常精湛。日本手工业者的成熟干练，与世界上任何国家的手工业者相比都毫不逊色，如果人民的发明创造力能够更加自由地发挥出来，日本人也会成为成功的工业国民，并且不输给任何人。日本人充满了向其他物质文明先进国家的发展成果学习的好奇心，并且能够迅速在生活中运用起来，如果他们的政府能够降低其闭关自守的孤立政策的封闭程度，日本可能很快就能依靠他们善于学习的特点赶上世界最先进的国家。日本人一旦拥有了文明世界过去与现在的所有技能，就会作为强有力的竞争者参与到未来以机械工业的成功为目标的竞争中。

❶ 文明开化：从1868年至80年代初的"维新"期间，明治政府提出了"富国强兵"、"殖产兴业"和"文明开化"三大政策，作为改革的主导方针。由于长期的封建统治，日本资本主义的发展极其缓慢，无法与欧美各国相比。因此明治政府要实行"维新"改革，加速资本主义发展步伐，惟有向欧美先进国家学习，引进西方文明及相关制度，输入近代科学技术。所谓"文明开化"，涵盖的内容非常广泛，既涉及社会风尚和生活方式等社会思想意识领域，又包括具体的科学文化教育事业近代化的实施和普及。1871年11月便派出以岩仓具视为全权大使，木户孝允、大久保利通、伊藤博文和山口尚芳为副大使，一行48人的庞大代表团，赴欧美12国进行实地考察。广泛调查了有关国家的政治制度、法律法规、财政金融、产业经济、文化教育和军事状况，探讨哪类制度、文明可为日本所用；普及初等教育提高国民整体文化素质；创办西洋式学堂；充实学习内容，着重传授西方近代文化和初步科技知识；逐步实行义务教育制；注意发展师范教育；发展中高等教育，造就科技骨干力量；振兴实业教育，普及科技知识，培养中下级科技人才。

❷ 殖产兴业：明治维新期间三大政策之一，兴办国营企业，创建银行制度，扶植私人资本主义，引进技术人才和先进机械设备。具体实施办法有：通过发放巨额"创业基金"和"劝业基金"，鼓励改革俸禄后的封建藩主，用货币俸禄设立银行和兴办铁路的事业，采取金融、财政和税收措施，直接保护和扶植私营企业；将国营企业廉价"处理"给一批大"政商"等，其中聘请外国专家和引进西方先进技术设备是"殖产兴业"政策的重要组成部分。

❸ 室町时代末期到江户时代末期期间，欧美诸国访日船只的通称。其中培理提督的黑船来航特别指西方打开了日本闭锁国门的开端。

这段论述，是培理提督于1854年3月第二次访日之际签订了日美和约之后，在调查走访已经决定要对外开放的港口——函馆町时所写下社会观察的一部分。为了说明日本手艺人技艺高超，他还举了很多具体的例子：木制建筑（木工）、石铺（石工）、造桶（制桶人）、金属饰品（首饰艺人）、造船（造船工）等，另外还有织物、染色、漆器等的技术都极为精湛。

提到江户时期手艺人的技艺，2003年夏，上野国立科学博物馆举办"江户大博览会——日本制造业"，许多精巧绝伦的手工艺品真是令人眼花缭乱。

这次特别的展览会是为了纪念江户幕府成立400周年而举办的，除望远镜、地球仪、天球仪、测量工具等之外，展出的还有医学、采矿技术、金属加工技术等领域的很多器具。在锁国政策之下与西方的科学技术进步隔绝了的日本，仅仅依靠江户时期手艺人们一代又一代的不懈努力，就给后人留下了如此多的具有世界水平的文明遗产。这次博览会也被人们称作是，提醒我们不要忘却了自己身上有着那些能工巧匠遗传基因的博览会。

其中的镇展之宝是那些带有发条的"自动娃娃"。其中之一是后来成为东芝创始人的技师田中久重的作品——"射箭童子"。童子坐在内置了机械装置和动力源的台子上面，他会把箭台上预先准备好的四支箭连续射向数米外摆放着的靶子。如此精巧的自动玩偶，可以说是今天机器人的前身。

日本运用机械原理制造的工艺品很多，展会还展

第三章　重塑制造业之魂

出了会跳的青蛙"根付跳蛙"、在舞台上弹三弦琴的艺人"三弦琴演奏"、会将盆里的茶碗送到客人面前的"奉茶娃娃"等，真是有趣极了。江户时期虽然有这么多运用机械原理巧夺天工的工艺品，但却未将机械技术引入到其他领域中去。用鲸须做发条也许就是与其他产业结合得最好的例子吧。

机器人的这个概念的诞生，要追溯到1920年捷克作家卡尔·恰佩克（Karel Capek）[1]发表了戏剧《R.U.R》[2]，其中第一次创造了机器人的概念。但是，在这个词汇诞生很久以前，日本已经发明出了运用发条的迷你机器人。江户时代的机械工艺品让我们在为其高超技术水平发出赞叹的同时，还带给我们一些深埋于心底的民族自豪感。

前面提到《培理提督日本远征记》中的补充章节，是他部下所写的日本社会见闻，其中有下面这样一段记载。

> 日本人非常渴望得到英文书籍，特别是医学等科学方面的书籍。我们送给他们很多有价值的读物。……亚当斯中校看到有日本人在学习汽车的驾驶技术，那汽车是美国总统送给天皇的礼物。他们已经拥有了一艘水手可以驾驶的救助艇，不过他们对于磁性电报机的使用还掌握不了。

通过这段描述，我们仿佛可以看到积极学习新知识、新技术的日本人的影子。正如佩理提督曾经预言的那样，"日本人一旦拥有了文明世界过去与现在的

---

[1] 卡尔·恰佩克（1890~1938），捷克最伟大的作家，小说、散文、游记、剧本、童话、评论、论文、访谈几乎所有的文类他都成绩斐然。

[2] 罗素姆的全能机械人，Rossum's Universal Robots。

所有技能,就会作为强有力的竞争者参与到未来以机械工业的成功为目标的竞争中",继承了江户手艺人伟大技术遗产的日本,在那之后,通过推进殖产兴业、富国强兵政策,半个世纪之后在日俄战争中挫败了沙皇俄国,终于跻身于世界强国之列。

露伴[1]的《五重塔》[2]中的手艺人

现在可能已经被人们淡忘了,过去手艺人分为"居职"(在家从事)和"出职"(出外打工)两种。居职者以自己家的住宅为工作场所,而"出职"者则是在外面的工场工作。"居职"手工艺人在建造自家房屋时就设计好了能够方便木工、泥瓦工、土木建筑工、瓦工、装修工等各工种同时工作的场所。而"出职"者多是和其他手艺人协同工作。所以,光有高超的技术还不够,还要有团队协作精神。

在这一点上,"居职"者相对自由一些。工作场所就是自己家,一个人或者几个人坐在一起,按照自己的喜好劳作。他们投入于工作的形象和工作时的氛围无形中影响着当地的孩子们,那正是最生动形象的活教材。

据史书记载,江户时期城下町的手艺人中,最多的是出外打工的木工,占到所有手艺人总数的一至二成。这是由于当时城下町的房屋都是木质结构,防火性很差,而火灾后的重建工程量较大,这样木工的工作肯定少不了。随之而来的就是不断有人想学木工活儿,然后木工的队伍不断壮大,不知从何时起,木工就成了手艺人的代表。

[1] 幸田露伴,明治时代的作家。

[2]《五重塔》(1892)是幸田露伴的中篇代表作,歌颂建塔木工所表现的锲而不舍、坚持独创的精神。

56

第三章 重塑制造业之魂

"木工"这个称谓在古代指负责城市建设、造船、兵器制造、房屋修缮等官厅的技术指导及劳务管理工作的技师长❶。后来词义逐渐演变,到了江户时代就仅指会木质结构建筑建造技术的人了。

明治时代的大文豪幸田露伴的小说《五重塔》,就是以江户时期为背景的,主人公就是一个木工。讲的是十平卫(技艺超群但不谙世故的木匠,被朋友们戏谑为"榆木疙瘩")集其毕生之所学,凝聚全部心血建成了巧夺天工的感应寺五重塔的故事。不过起先谷中❷感应寺的建造权是由十平卫和川越源太郎(土生土长的江户人,技术精湛而且乐于助人,是兄长一样的师傅)二人共同获得的,之后感应寺的住持(同时也是五重塔建造工程的负责人)"郎元上人"个人决定让十平卫独自承担五重塔的建造任务。

五重塔是坐落于谷中天王寺(天佑年间更名为感应寺)的宝塔。我小时候曾去过那里,儿时对五重塔的记忆令我读起露伴这部小说倍感亲切。谷中的五重塔始建于1644年,那时是德川第三代将军的家光时代,曾被1772年的一场大火烧毁,之后又很快重建起来,后来幸运地躲过了彰义队上野战争的战火。在上野一带,谷中天王寺与上野宽永寺的两座五重塔遥相辉映了大约300个春秋。可惜的是,1957年7月,一对乱伦的男女在塔中殉情放火焚毁了五重塔,至今还未得到修缮和重建。

露伴的《五重塔》发表于1891年,在那前后两年时间他一直住在谷中,日

---

❶ 用今天的话来说就是工程师。
❷ 街道名,位于东京都台东区,颇具怀旧风情。

夜仰望五重塔。露伴在小说是这样描述五重塔之美的：宝塔永远高耸空中，自西边瞻仰，飞檐叶秀月皎洁，从东方眺望，勾栏吞夕阳红艳。——这就是露伴对自己眼中五重塔的白描。

这部小说的魅力不仅在于对情景的描写，书中十平卫及众人一同在建塔现场辛勤劳作的场景亦跃然纸上、栩栩如生。

> 感应寺院内工地上的景象热闹非凡：砍木材的斧声、刨板子的刨声，凿眼儿，敲钉子，丁丁当当，响得好欢。风卷刨花，旋如落叶，锯末飞舞，如晴天飘雪。……形形色色的人们在操心尽力，汗流浃背，拼尽全力。总监工"榆木疙瘩"十平卫手持墨瓶、墨尺和曲角尺，四下里转悠着，看着大家干活儿。关于塔的结构，他脑子里有一套完整的设想，现在正吩咐着人们把它按照设想造出来。
>
> （《五重塔》岩波文库）

透过小说描述，我们似乎能看到建塔工地上无数的手艺人紧张忙碌地工作着，还有十平卫作为工程总负责人现场指挥的情景。除此之外，《五重塔》还以其细腻传神的笔触反映出十平卫他们那种对待工作一丝不苟、兢兢业业的精神，令人感动至深。

> 十平卫自从接下了五重塔的工程以来，不论白天黑夜，只有努力造塔这一个念头。吃饭时满脑子都是塔，夜里做梦，魂魄也萦回在相轮顶上。他干起活来把老婆孩子都忘得干干净净，既不回顾自己的过去，也不去想自己

58

第三章 重塑制造业之魂

的未来，抡斧子砍树使出浑身力气，画图时更是呕心沥血。

（《五重塔》岩波文库）

"一旦投入工作就废寝忘食"。这种对工作全神贯注的精神正是手艺人们技术能力的源泉。十平卫他们全身心的工作终于迎来了五重塔建成的这一天。然而，也就在这个时候最后的考验正等着他们，落成典礼的前一天，五重塔遭遇了几十年不遇暴风雨的袭击。

在前所未有的暴风雨蹂躏下，五重塔吱吱作响不停地摇晃。但是，十平卫有充分的信心，遭遇这样暴风雨的塔肯定能安然无恙。如果塔倒了，就是自己学艺不精，塔倒之时就是他自尽以谢罪之时！十平卫下了与塔共存亡的决心，怀揣六分凿迎着暴风雨登上了塔顶，凭栏凝视着天际……

正当十平卫环顾被暴风雨包围着的五重塔四周时，发现一个人影。他正是川越源太，因为怕塔发生什么不测也冒雨赶来了。也许是手艺人们对塔的赤诚之心感动了上苍，塔"一根钉子都没有松动、一块板都没有脱落"，毫发无损地迎来了落成仪式。住持郎元上人为塔题字"江都[1]居民十平卫建造，川越源太郎协助完成"。源太郎此前由于没有取得建塔权心里自然有些不快，但他不计前嫌协助十平卫造塔之事住持早已了然于胸。

广大读者至今还对露伴的《五重塔》爱不释手，也许是读者们身体里共有着喜爱"手艺人们为活计而呕心沥血的作风"的基因，所以与作者产生了强烈的共鸣吧。日本在经济高度成长期之后，逐渐淡忘了传统手艺人的价值观和人生观，

---

[1] 江都即江户。

但日本人终归还是无法将其抛弃。

日本人身上"找窍门"的遗传基因

广播作家永六辅[1]的著作《艺人》开头有这样一句话:"我认为'手艺人'这个词说的不是职业,而是生活方式。"书中有很多是永六辅先生从长期生活经历中提炼出来的手艺人的语言。每句话都生动地反映了手艺人的所作所为、所思所想、所感所悟,令人回味深长。书中有几句话对我产生了很大影响,下面与大家分享一下。

◇ 职业本无贵贱之分,而生活方式却能分出贵贱。

◇ 孩子不是听父母的话长大,而是模仿父母的行为长大。

◇ 所谓感动,是因为得知了从未听说过的事情。在自己认为很熟悉的情况下,发生出乎意料的状况时人就会大吃一惊。

◇ 尽管合伙人认为只要能卖掉就行了,客户觉得只要能买来就行了,但手艺人从没有想过要放弃自己对"品质"的执着。应该说,更多情况下是迫于周围的压力或者顾客而舍弃了"品质"。

◇ 如果一开始就想被夸奖、就想得到承认,工作将会误入歧途。

◇ 艺人被人们喜爱是挺好的,但是被人尊敬起来就麻烦了。

◇ 工作使人成长。

(《手艺人》岩波新书)

[1] 永六辅,1933 年生于东京浅草的净土真宗——最尊寺。是该寺住持的次子。中学的时候开始就为NHK电台编写广播脚本。曾就读于早稻田大学但中途退学,之后开始真正进入广播的世界,后来成为了一名广播作家和电视节目的编导。同时也涉及主持、作曲家、歌手、解说员等领域。在TBS广播中主要主持两个长寿节目:"谁在哪里"、"星期六的世界"。

60

第三章　重塑制造业之魂

从这些语言中，我们可以看到，手艺人对于工作和人生的洞察力是多么敏锐。由于为了能多听到些这样富含哲理的至理名言，我一直以来经常找机会和手艺人们交流。在前面提到过的池之端七轩町，有位老先生——小林诚（60岁）如今仍然坚守着制作江户毛刷这项传统手工艺技术，和他的谈话让我受益匪浅。

乘地铁千代田线，在根津站下车大约走一分钟，由不忍路一条西侧走进去，池之端七轩町就到了。这里的民房全都焕然一新，在路对面第七、八町的寺庙也重新进行了现代化的装修，昔日的面貌已经没有踪影。这是条很短的巷子，小林先生的家很快就到了。他早已作好了迎接我的准备，一见面就说"现在是化学黏合剂、涂料的时代，毛刷一半以上都是为它们制作了，这传统工艺已经有点变味儿了……"然后他就坐在平时工作的地方，给我展示他已经操练了四十年的制刷技艺。房后的墙上挂着小林先生的师傅（也是他的父亲）的大幅照片。

小林先生家的制刷历史可以追溯到明治末期，从他的祖父创业开始到他这一辈已经是第三代了。涂黏合剂与涂料时用的毛刷分为多种用途，有装裱用、木板用、玩偶用、油漆用等，小林先生主要制作装裱使用的刷子。

制作刷毛的材料采用马、猪、羊等动物的毛。不过动物的毛末梢部分会逐渐变细，圆锥状很难做成化学涂料用的纤维。质量好的刷毛必须达到三个标准：细、中段有弹性、末端整齐。小林先生坚持动物毛是制作毛刷的最好的材料。

因为做毛刷采用的是动物毛，所以要从修整和脱脂（沸水煮）工序开始。沸煮后太阳晒干，可以保证毛质不会受虫子影响。这些准备工作都要在夏天完成，之后就要进入做毛刷的主要工序了。

首先要修整刷毛的末端，然后是按要求截取适当的长度，接下来用金属梳子梳理刷毛，使其均匀整齐地排列在一起。就算都是马的毛，毛质、长度和粗细也会各不相同，所以要让他们均匀地混合在一起。这个时候，毛的表面会渗出油分来，他便需用稻谷壳烧成的灰将油分脱去。小林先生说："火熨斗修整刷毛、稻壳灰去油，制刷的手艺好坏就看这几道工序做得快慢。"

用稻壳灰去了油的毛就可以按照需要把一端束起来了，并将那些断了和倒了的毛一根一根仔细挑出来，再用和纸❶包起来，外面再包一层樱花树皮，这时就可以装进已经准备好的刷柄里去了。最后一道工序就是用丝线和金属线把刷柄扎起来，固定牢靠。我问小林先生，把所有的环节都熟记在心需要多少年，他是这样回答的："学到技术的'形'需要十年，而让顾客用得满意则需要更长的时间。拿我自己来说，得到顾客的肯定是到第十五年的时候了。在那之前如果跟顾客说'这是我做的'肯定不行，要撒谎说'这是我父亲做的'顾客才会要。父亲深得顾客的信赖啊！在不断的磨炼过程中，当'这段时间干得不错啊'这样夸奖的话越来越多，逐渐自己也就开始对自己有信心了。"

手艺人是因为有顾客使用自己的产品并且予以评价才能成熟起来的，毛刷手艺人只有得到装裱师（用户）用了刷子后高兴地说"这个真好！"的赞扬之后，才能独挡一面。

这就说明一个问题，毛刷手艺人不是只生产达到标准的刷子就行了，而是要找窍门更深的因素，甚至包括用户装裱师的个性都要考虑周到。另外，真正的手艺

❶ 相传1500年前，一位美丽的女神在冈太川上游附近出现，她把造纸术传授给了日本人，于是这位叫做"川上御前"的女神就被奉为越前和纸的祖先。据日本历史学家考证，公元4~5世纪，纸随着文字开始由中国传入日本。到6世纪，日本政府为了大批印制佛经，模仿"唐纸"，努力学习造纸并生产纸张，造纸的原料楮树也开始在日本种植。8世纪，造纸技术已经在日本普及。随着对原材料的需求不断增加，人们开始寻找新的造纸材料。日本特产——雁皮被用作新的造纸原料，后来又经过不断的改进，最终创造出了日本独特的"和纸"。

62

第三章 重塑制造业之魂

人会不断发掘制造工艺和工具方面的改善和提高的空间,永无止境。林先生做了很多探索性的尝试,他给我展示了其中之一:在最后固定刷毛根部的阶段,涂抹黏合剂时使用的工具。

原先是用一种叫作"虾蛄万力"的工具。那是一种木制的模具,刷头一枚一枚地在模子上一字排开,再用另一块木板压上去。但是,小林一直在想,是否有更好的方法呢?一天,有一位看上去像是东京大学教授的顾客路过,探进头来说:"老板,这个能否换种方法呢?你有没有想过给它再加一层?"小林先生心想:"这虾蛄万力平时就那么随便放在店头,教授先生一定是认真观察过我制造刷子的过程,然后通过思考提出了这个建议的。对啊,他说的有道理!"于是,小林先生进行了各种各样的试验,终于发明出了新的工具。

这个故事其实就是产学结合[1]的一个小例子,手艺人与大学教授之间巧妙的沟通产生了很好的创意。教授只是提出一个小小的建议"你有没有想过给它再加一层?"然后由手艺人顺着这条思路反复试验、找窍门,最后取得了非常好的效果。值得一提的是,并不是单单通过教授的一句话就能获得新发明,取得这样的成功和小林先生平时带着问题工作的精神是分不开的。

那天,在告别小林先生后,在回家的路上,我又想起永六辅先生的那句话:"手艺人这个词说的不是职业,而是生活方式。"日本的制造业需要向手艺人学习,学习他们那种不满足于现状、不断尝试各种改进的"生活方式"。

现在,江户版画的木雕师已经很少了,石井寅男翁就是其中一位。他的一席

---

[1] 参见第一章的"产官学"。

话令人难以忘怀。石井寅男翁年轻的时候,学徒制度盛行。虽然工钱微薄,但石井先生仍然跟着父亲学手艺,并把工钱一点点地攒起来,在度过了漫长的学徒时代后,他给自己买的第一样东西却是一套工作用的刻刀。

后来石井终于能够独立撑起店面了。一晃40年过去,现在他还在用那套刻刀雕刻版画,刀也因为长期的使用磨得越来越短。石井笑着说:"已经被磨成当初的一半那么长了!"

这套刻刀早已和石井先生的双手融为了一体。木雕师这个行当从入门到能独立完成工作需要十年,能做得令自己满意则需要二十年。在这条艰辛的路上,是刻刀陪伴和守望着木雕师的每一点进步和成长。

我问石井先生:"您工作的信条是什么?"他告诉我:"不断地找窍门,将从父辈继承下来的技艺按照自己的方式不断改进。"

说些离题的话,提到手艺人"不断找窍门的生活方式",得说一件与其相关的事情。民族学巨匠宫本常一于1957年在爱知县❶北设乐郡❷旧名仓村❸作调查时,当地的老人对他说过下面一段话。

❶ 日本的行政区划单位当中县,相当于中国的省。

❷ 日本的行政区划单位当中郡,相当于中国的县。

❸ 现在村已改为町。

> 虽然说年年都在干活,周而复始,不过像牛和马那样仅仅为了干活而干活是不行的……说的是怎么回事呢,在这个村里除了我家,只有两三家有木背篓(搬运东西时使用的工具,背在背上使用)。……村里各家都没有做木工的工具。金属用品也就只有锅、刀、铁锹、镰刀这些,谁家都没有锯子、刨子和凿子这些工具,所以想借工具都没有地方借。我

家里有将近 20 个木背篓，可是借出去后等还回来时都是坏的了。最后我家也没剩下几个了。父亲就抱怨说："就算东西是跟人家借的用起来也要爱惜啊！要是自己家的这么用也就算了，请不到木工就自己想办法去。"这么一说，结果村里人都自己做出了木背篓来。就是这么个故事。后来每家都有了自己的木背篓，工作起来就更方便了。而且大家都主动自己想办法解决问题，现在很少有人拜托别人办什么事情。

(《忘れられた日本人》 岩波文库)

这就是普通农民生活在日常生活中不断想办法找窍门，勤奋努力生活的真实写照。文化人类学者船曳建夫❶曾经说过，这种形象不仅在江户以后的手艺人身上能找到，是在现代《Project X》❷中出场的许多无名的技术人员们共同的特征。(《日本人论》再考 NHK 出版)

广大农村成为江户时期的城下町手艺人的源产地，后来那里又向战后经济高速成长期的企业输送了大量的劳动力。也就是说，农民在与自然共存的生活中已经具备了适应手艺人生活方式的素质，即"在生活中找窍门"，这已经成为了所有日本人的遗传基因，世代相传。

造物也是造人。在这儿我要做第一个吃螃蟹的人，今后我们是否能让日本古老手工业的光辉传统在现代制造业中重生呢？

---

❶ 船曳建夫，1948 年在东京出生。毕业于东京大学教养学部，之后取得剑桥大学社会人类学博士学位。现在在东京大学研究生院综合文化研究科任教授。

❷ Project X：Project 是指划时代地改变人类历史与文明的事件。Project X 是以战后那些从事划时代事业的、热情洋溢、带着强烈使命感的无名英雄为主人公的故事。

无名艺人与"用之美"[❶]

在东京的涩谷[❷]，有一座别具特色的艺术馆叫作日本民艺馆[❸]。馆内收藏的工艺品来自日本和朝鲜半岛，都是民间日常生活中使用的陶瓷器、染织品、家具等，总计一万多件，每年除固定举行四次特别展览会外，还随机举办一些主题展览会。

为什么说这座艺术馆别具特色呢？这是因为：第一，这里的展品都不是出自名家之手，而全部是无名的手艺人制作的工艺品；第二，为了让参观者能够更直观地领略艺术品自身的美，展品前的展示牌上只简单地标明其制作技法、用途、产地、制作年代等基本信息，而省去了过多的解说。

以上这些"别具特色"，都反映出艺术馆的创立人——宗教哲学家、民间艺术研究家柳宗悦的思想。柳宗悦到底是怎样一个人呢？基于他的思想受到了日本传统手工业精神非常深刻的影响，下面简短介绍一下他的生平。

柳宗悦1889年出生于东京都麻布[❹]。大学时代参加了尊重个性和主张人道主义的杂志《白桦》[❺]的创刊工作。他在发表研究论文的同时，还负责杂志的美术编辑工作。大学毕业后，由于坚信宗教的真理与美的真理是同一的，走上了研究艺术与宗教交叉领域的道路，并且笔耕不辍。

"民艺"是"民间工艺"简略的说法，柳先生在学生时代，由于一次看到一只朝鲜李朝时期的瓷壶，便开始了与民间工艺品的不解之缘。正是这个偶然的机会，

[❶] 具有实用价值的日用品中展现出来的美。

[❷] 东京的一个区。

[❸] 日本民艺馆，创建于1936年10月24日，创始者为民间艺术运动的创始人宗教哲学家柳宗悦及与其志同道合的朋友们。建馆旨在推广民间艺术之美、振兴现代工艺，现在日本民艺馆已经成为了日本民间艺术中心。

[❹] 地名。

[❺]《白桦》杂志，明治43年4月由志贺直哉和武者小路实笃、有岛武郎、木下利玄、里见弴创共同创办。后来成为日本近代文学中的一个创作流派，由同人刊物《白桦》而得名。追求个性解放，提倡人道主义精神，强调人的尊严和意志，在创作技巧上有许多革新。

第三章　重塑制造业之魂

唤醒了他那颗沉睡的东方之心，也激发了他对艺术品，以及对无名手艺人制作工艺品背后隐藏着"用之美"（具有实用价值的日用品所蕴含的美）的兴趣与热情。

后来，柳先生有幸结识了朝鲜陶瓷研究专家，并被韩国传统美术深深吸引，无法自拔。在日韩合并时代 [1]，1922年，当日本总督府要拆除京福宫的正门——光化门时，柳先生发起并积极参与保护文物运动，曾发表一篇题为《为了一座即将消逝的朝鲜建筑》的文章。

后来，柳宗悦又从对无名手工艺人制造的工艺品的热爱，发展到了对木喰佛之美的再研究。木喰佛是江户后期木喰上人 [2] 游历诸国传讲佛教教义时在所到之处雕刻的佛像。木喰佛质朴的风格与品味在美术界是独树一帜的。终于，重新发现木喰佛的美并对其重新评价成了柳宗悦一生的事业。

柳宗悦与木喰佛邂逅之后，走上了一条通往民间艺术的道路，即与平民日常生活中所用工艺品的制造者一道创造、守护并发展民间艺术。下面是柳宗悦比较早的著作《手仕事的日本》中的一部分。

---

[1] 按照中国人民网资料显示，所谓的"日韩合并"是1910年8月22日，日本伊藤博文政府迫使朝鲜政府签订《日韩合并条约》，该条约的签署标志着日本正式吞并朝鲜，朝鲜沦为日本的殖民地。依照条约，朝鲜内政、外交大权均直接由日本人负责，各国外交官员均须从朝鲜撤离，日本在汉城设立"总督府"等等。日韩合并条约签订后，日本帝国主义对朝鲜进行了长达35年的极为残暴的殖民统治，引起了朝鲜人民的强烈不满和反抗。1904年2月23日，朝鲜又被迫与日本签订不平等的《韩日议定书》。同年8月22日，日本强迫朝鲜签订了第一个《韩日协约》。协约使朝鲜的财政、外交大权实际上落入日本人之手。1905年11月9日，日本特使伊藤博文赶赴汉城，逼迫韩国表态。11月18日，韩国被迫签订《日韩保护协约》。1907年7月，日本又迫使朝鲜与之签署了第二个和第三个《韩日协约》。

[2] 指遵守木喰戒律的僧人，木喰戒意为只吃灌木与乔木植物所结的果实，不吃任何谷类实物进行修行。

我们不能因为那些民间艺术的手艺人是无名氏就轻视他们……就算他们都是很贫穷的人，就算他们制作的东西都很普通，我们也不能忽视他们背后蕴藏着的巨大的传统文化。虽然他们每一个个体也许很渺小，可是传统的力量却很强大。而正是传统的力量驱使他们工作、创造。……实际上，更多的手艺人都是默默无闻地终其一生，没有名垂青史。但是，在那些他们倾注心血打造出来的工艺品中，留下了他们人生的意义。那些工艺品成了他们的生存根基和制胜法宝。

（《手仕事的日本》岩波文库）

我曾经读过一首写手工制造的俳句❶：

手艺不用说
东西来证明手艺
传统手工业

这与柳宗悦的观点正不谋而合，手艺人不是用语言，而是以制造出的产品来决定胜负的。

木工们的作品会具有什么样的性质呢？当然制作过程中最重要的就是以实用性为主旨了。……所有的东西都要以每天的生活为中心。……一个国家的文化在国民每天的生活中被最真实也是最广泛地反映出来。为了让我们的生活更丰富也更有内涵，也就必须把每一天的日子和美结合起来。

（《手仕事的日本》岩波文库）

不论是生活用具，还是绘画，只要是好东西就会人

---

❶ 日本古典短诗，由17字音组成。原称俳谐（也写为诽谐）。俳谐一语来源于中国，大致与滑稽同义。它在日本，最初出现于《古今和歌集》(收有"俳谐歌"58首)，至江户时代(1603～1867)则有从"俳谐连歌"产生的俳句、连句、俳文等。俳谐连歌同中国近体诗联句相仿。

68

见人爱。因为在它背后隐含着作者对审美观和人生的思考。

人的自由和灵活性会使人犯各种各样的错误，因为人不是完美无缺的。而自然界是严格以法则为准的世界，故而大自然不会有什么差错。不过，人即使犯了错误，离犯罪还很远呢。实用性的东西投射出来的美，背后一定有大自然的力量在起作用。也许可以把这称为"他力"的美。所谓他力是指超越人的力量。自然、传统、立法等都具有巨大的他力。我们惟有顺应他力，才能迎来美的诞生。

（《手仕事的日本》 岩波文库）

柳宗悦先生所说的"他力之美"，不仅手艺人、农民、商人体会到了，而且还存在于所有日本人的心中。

在净土真宗的信徒当中，市井中的虔诚信奉者被称为"妙好人"。柳宗悦在其晚年将巧夺天工的民间艺术品称为"妙好品"。追求制造业之魂到极致便可获得"他力"了。柳宗悦的这个所谓"他力"的终极目标，正是现在重新引起我们注意的关键词。

为了追求普通民众生活中创造的美，以及宗教与艺术交叉的空间，柳宗悦长期不断地走访各地，这个虔诚的佛教信徒于1961年结束了他72年的人生旅程。他一生收集了数不清的妙好品，现在我们都能在日本民艺馆中看到。

反映东方自然观的《天工开物》

开创日本民艺馆之先河的柳宗悦认为，出自无名手艺人之手的工艺品背后，涌动着自然和传统这些超出人力的"他力"。他这种观点应该是出自东方"梵我如一"、"天人合一"的人与自然统一的自然观吧。西方在笛卡尔之后的理性主义自然观把自然作为人思维之外的存在，是具有数学法则的无机世界，这种哲学思想亦没有超出东方的自然观范畴。

笛卡尔在1637年出版了《方法论》，提出了"我思，故我在"的唯心主义方法论。正式的书名为《引导正确的理性，探求真理的方法〈叙说〉以及为探索此方法的屈光学、气象学、几何学》，这是一部超过500页的鸿篇巨著。

从狭义上说，《方法论》正如书名中所说的那样，是作为书中三门学科的序文而写的。据说最初只有7、8页的篇幅[1]，这本书的出发点在谈论主体与客体的二元论上[2]，亦是构成近代理性主义的重要理论依据。如果说近代科学技术是以二元论为基础发展起来的也不为过。

同是1637年，中国明朝江西省奉新县的宋应星也写出了能够激发新思想的产业技术启蒙百科全书，内容囊括了当时中国的所有重要产业，以及各部门的生产技术，并插入详尽的绘图用以解说各种生产技术。书的作者宋应星生平不详，现在只知道他曾经考取过乡试（官吏录用考试，科举中的一种），先后旅居几个省，做过各地的地方官吏，比如江西省分宜县的学校教员、福建省汀州的推官，安徽省亳州的知府等。

书名取作《天工开物》，其寓意为利用自然之力（天工），创造出人工之物（开物）。这本书的译者薮内清[3]是这样解释《天工开物》思想的，中国自古就有"一切

[1]《方法论解说参照》，古川多佳子译，岩波文库出版。

[2] 即精神与物质。

[3] 京都大学的名誉教授。

第三章　重塑制造业之魂

创造均源于自然之力，技术就存在于顺应自然力的创造之中"的技术观。《天工开物》这个书名也充分体现了这种传统。不过，作者宋应星内心深处对当时的社会风气非常不满，他在序文中写道：

> 天地之间，物皆数以万计。是人的力量让万物更加完美。
>
> ……世间有很多才俊之士被世人所推崇。但是，这些人会因为不知道司空见惯的枣子和梨花，而凭空猜想传说中楚萍的样子；由于不了解生活中常用铁锅的制作方法，去七嘴八舌地议论早已有之的莒鼎。
>
> ……但是，深居于宫内的皇族们，在御膳房看到正香气扑鼻的米饭时，也许会想知道种出这些大米的农具是什么样子，在裁缝坊看到正在制作中的锦衣缎袍时，或许会想看看这绫罗绸缎是怎么织出来的。这种时候，一本表现那些工作场景的图册，也许会让他们如获至宝。
>
> ……各位有才能、有抱负的贤仁智士们请不要读这本书，此书与功名进取毫不相关。"
>
> （《天工开物》平凡社东洋文集）

天地间的事物，由人工创造出来的只是其中一部分。但是那些朝廷的知识分子把所有的精力都用在了学习四书五经那些八股文上，而轻视那些非常重要的实用科学。

明朝末期，葡萄牙的舰队开到了澳门，中国由此也开始向西方学习科学技术。《天工开物》这部著作可以看作是对统治阶层在时代变迁面前表现迟钝的反抗，也是倡导关注并发扬中国本土生产技术的警世钟。

但是，正如宋应星在序文中所担忧的那样，当时的中国轻视实用科学之风盛行,《天工开物》在国内完全没有引起重视,反倒是在传入日本之后,和中国的《考工记》一同被作为生产技术的基础图书,在各藩的"殖产兴业"中被奉为生产指南,进而广泛地运用开来。在今天看来,就是通过这部著作,日本完成了技术的转移。这些技术转移也为后来江户时代的手工艺技术的提高作出了不可忽视的贡献。

图3-2 《天工开物》中的炼铁工艺图

第三章 重塑制造业之魂

今天，我们再次翻开《天工开物》，最引人注目的就是那些画面中描绘的工人们在作坊里干得热火朝天的场景。从画风上看，虽然酷似日本的职人尽绘[1]，但是《天工开物》中的插图是依照工人们使用工具以及技术门类的不同而进行分类的，读此书真是其乐无穷啊！

全书共分为18卷，分别为第一卷，乃粒；第二卷，乃服；第三卷，彰施；第四卷，粹精（农耕具）；第五卷，作咸；第六卷，甘嗜；第七卷，陶埏；第八卷，冶铸；第九卷，舟车（造船、人力车等）；第十卷，锤锻；第十一卷，燔石（烧制石灰、硫磺等）；第十二卷，膏液；第十三卷，杀青；第十四卷，五金；第十五卷，佳兵；第十六卷，丹青；第十七卷，曲蘖；第十八卷，珠玉（采收珍珠等）。宋应星说，按照这样的顺序排列贯彻了"五谷为贵，金玉为贱"的理念。

笛卡尔的《方法论》和宋应星的《天工开物》这两部在东西方同时问世的著作，被后世关注的程度可谓有着天壤之别。也许这两本书境遇的悬殊差距，正体现了已经完成产业革命的西方，与仍然停滞不前禁锢自闭的东方之间的差距吧。

然而，基于笛卡尔的理性主义发展起来的西方现代产业技术，今天却因为地球资源和环境问题的制约，正面临着巨大的拐点。在这样的背景下，《天工开物》中所涌动着的东方自然观和技术观（一切创造均源于自然之力，技术就存在于顺应自然力的创造之中）又重新登上了历史舞台，引起人们的反思。具有讽刺意味的是，在中国开始急速成长为"世界工厂"的今天，宋应星的《天工开物》穿越了近400年的时空，开始引起世人们的关注了。

---

[1] 日本近世初期（大约16~17世纪），风俗屏风画的全盛时期，灵感来源于职人歌会的绘画形式。分为画纸和屏风两种形式。

第四章

以东方思想解读组织形式与发展方向

无形的力量

到底是什么力量推动企业的运行呢？

这就是多年来我一直在研究的课题。在不断探索和研究的过程中，我发现每个企业都拥有各自独特的、一种无形的力量，或者说是潜藏的力量在支撑并推动着企业的运行。我试给这种无形的力量取名为"缄默的知识"（参见章尾资料1）。

所谓"缄默的知识"不是knowledge这个单词所表示的的数字化、模拟化等自然科学的知识。而是蕴藏在企业组织深层，包含了"知、情、意"等充满了人性化关怀的"知识"。"人、物、资本、信息"这些最根本的经营资源，是推动企业前进的力量，也是企业创造力的源泉，是最有价值的资产。

怎样才能创造出"缄默的知识"，并使其发挥作用呢？这一点正和MOT（技术经营）有着千丝万缕的联系。本章即要探讨上面所说的深处于企业集团内部的"缄默的知识"。

稍微偏离一下正题。在大正末期到昭和初期，有一位活跃在诗坛上的童谣诗人——金子美玲❶，她作品中有一篇题为《星星与蒲公英》的作品，内容如下：

星星与蒲公英

在蓝天深处
白天的星星
就像在海底的小石子
沉在海底等待夜晚的来临
在我们眼里却看不见的
虽然我们看不见，但他们存在着
有些事物看不见，但存在着

枯萎散落的蒲公英
静静地藏在屋瓦的缝隙里
它坚强的牙根，等待着春天的到来
在我们眼里是看不见的

虽然我们看不见，但他们存在着
有些事物看不见，但存在着

（《金子美玲童谣集》HARUKI 文库）

金子美玲的诗通过描写身边的大自然、再现生活中的情景，来歌颂生命的珍贵。在日本，不论男女老幼都很喜欢她的诗，直至今日，这些诗仍被广泛传诵着。我便是她的众多忠实读者中的一个，基于对这些诗的喜爱，我产生了想去诗人成长的地方看看的念头，于是，我便去了一趟山口县长门市仙崎的金子美玲纪念馆。

自然界中存在很多人难以凭肉眼看到的强大生命力，这首《星星与蒲公英》就揭示出这样的哲理。诗人所谓的"在我们眼里看不见"的东西，和我所说的"缄

---

❶ 金子美玲 (1903~1930) 是日本大正时代的童谣诗人。大正处于明治与昭和之间，只有十四五年的历史。在日语中，童谣比中文所说的童谣或者儿歌更接近诗歌。

第四章 以东方思想解读组织形式与发展方向

默的知识"可谓是有异曲同工之妙。

所谓"知识"本来是很难分类的,在这里暂且试把它分为"形式知识"、"暗默知识"和"缄默的知识"三种。所谓形式知识,是可以由数据、文本等这些明确的数值、语言等表述的知识,是可以相互传达与交流的知识。

所谓"暗默知识",就是无法明示的知识,是属于个人的知识。

"缄默的知识"所说的就是用眼睛看不见的,属于或依存于个人或某个集团的隐性知识,潜藏着的知识。接下来,我们就从依存于集团、企业内部的"缄默的知识"说开去。

"缄默的知识"在某种意义上是企业一切活动的基石和脊梁,也是支撑起形式知识、暗默知识的根基。先请看图4-1,这是"明、暗、潜藏三种知识"相互转化的关系图。我们通常是通过表面上的"形式知识"去获取和习得"暗默知识"

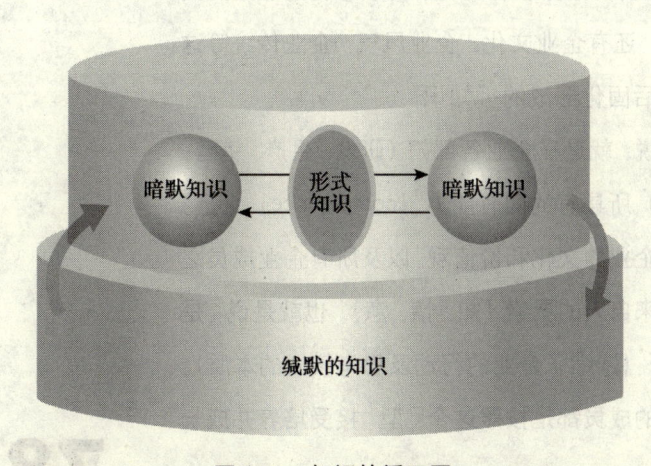

图4-1 知识的循环图

来工作的。潜藏的知识越丰富，以"形式知识"为媒介进行的"暗默知识"的互动与转化就会越活跃。

然后，在这种知识的互动与转化当中，萌发出来新的知识，又沉淀为"缄默的知识"后，使"缄默的知识"更加丰富，从而把"形式知识"和"暗默知识"推上一个更高的水平。三种知识的相互碰撞，使企业的"知识"产生螺旋式上升。

企业的"组织的知识"，是三种知识的有机整体。而"缄默的知识"就相当于人的左膀右臂，对企业来说是最不可或缺的东西。

集体中"缄默的知识"与企业文化

所谓"缄默的知识"，是在企业等组织中经过长年累月的积累而获得的东西。这种东西只可意会而不可言传，是由企业供给（afford，详见章尾资料2）的。这个概念很难用一句话或者一个词来明确定义，它包括企业在运行中的组织形式、工作方式、对于事物的思维方式和处理方式，还有企业文化、企业风气、企业传统等这些东西凝结后固化形成的"知识"。

换句话说，就是在企业各部门（研发、生产、销售、市场营销等）所具有的固有能力（competence）之上，添加了这个企业的文化和价值观，以及所有企业成员之间的温情等来自人的要素（知、情、意）。也就是说，是企业的"型"（浓缩了企业的行动及思考模式的本质）。每一个企业的成员都是按照这个"型"接受培养并成长起来的。

78

这里最重要的是要明确一点，假如某企业有100名员工，那么他们集体的"知识"不是由100个成员每个个体的"知识"聚合而成的。不论是10人的集体还是1000人的集体，这个道理都同样适用，集体包含着无法还原为一个个独立个体的"大知识"，即"集体的知识"（缄默的知识）。俗话说"铁打的营盘流水的兵"，集体成员会有出有进，但这"缄默的知识"却不易随之更改。

那么，"缄默的知识"会在什么时候，以什么形式展现在我们的面前呢？在这儿举几个"缄默的知识"的例子，请大家思考为什么"缄默的知识"在这些情况下会显现出来。

(1)企业间的优劣

例如，拿相同行业、相同规模的企业作比较，就非常显而易见。一般来说，各企业在人员素质的构成上差距不会很大。但实际上，各个企业的表现却差距明显、参差不齐。每一个人在能力上即使没有什么不同，但是一旦单个的人组成一个集体之后，好坏优劣便表现出来了。这就是在集体中固有的，"缄默的知识"上的差距的一种表现。

(2)配合时的尴尬

经常会有两三家企业为完成同一个项目而进行合作的案例。这时，三家企业（A、B、C）经过分工明确了各自分别承担的不同部分，在项目正式开始运行之后，各企业就会以各自不同的做法来工作。当三家企业在一个阶段后都带着各自的阶段性工作成果碰头的时候，却发现彼此因思路和采取的解决方案截然不同，而没法相互配合协同作业。

A企业会在考虑战略部署时从销售和营销这些下游环节着眼。B企业则是以生产和技术为核心的上游型思维。而C企业的突破口是搭建好连接上下游的循环系统，即主攻信息系统和物流系统。也就是说即使是同样的项目，各企业的思路和做法也会迥然不同。归根到底，这就是各个企业"缄默的知识"不同之处的外在表现。

(3)企业合并时的混乱

所谓"合并时的混乱"，就是在企业合并时经常会看到企业之间的相互摩擦、碰撞。近来，在金融、制药、化学、汽车等几乎所有行业内，为了谋求经营的合理化和开拓新事业，M&A（合并、收购）风潮四起。但是，合并完成后，那些临时组成的"家庭"里，在面临各种各样的问题时产生了很多摩擦和混乱，无法像当初合并时预期那样开展工作。有的情况下，甚至会无法达到目标而最终走向解体。

❶ 也可译作文化移入、文化适应、文化认同、文化变迁、濡化等。

造成这些结果的原因就在于不同企业之间的"知识"、思维方式和处理问题的方式各不相同。更深层次来讲，还是"缄默的知识"不同所造成的结果。如果不能克服这个问题，只在"形式知识和暗默知识"的层面上磋商，所有的努力都将收效甚微。在企业M&A的时候，肯定少不了在这堵"墙"上碰钉子。

文化人类学中有"涵化"（acculturation）❶ 这么一个词。意思是说在不同民族文化的碰撞之中，会产生出新的文化。企业合并能否成功，则正取决于是否能够成功地完成企业文化（缄默的知识）的涵化。

知识的"振荡"使组织更加丰富

"缄默的知识"在企业内部或多或少会有局部的、暂时的对立，但是，最后都将融会成一股巨大的力量——"知识"。这就像是蜈蚣，细处着眼来看它的每条腿好像是毫无章法凌乱地动着，但是作为整体的蜈蚣却能够向着目标平稳前进。

在形成"缄默的知识"过程中，集体，这个以人构成的整体起着很大的作用。大家身处在同样的地方、相互接触、协同工作。天长日久的交往中彼此会越来越投机。在此之中语言上的知识（形式知识）和非语言的知识（暗默知识）实现了交流和共享，同时产生了人与人之间的信赖感并培养出了集体主义精神，打下这样坚实的基础后，"缄默的知识"就生根发芽了。

相互间的信赖感和集体主义精神，不是仅停留于语言的交流，即"形式知识"的交流中所能够产生的。集体的职责与移动通信网络和因特网这些新媒介的功能有着本质的区别。身处同样环境中的人能获得共同的感受，或者具有共同的"知识"和经历，这些是产生属于这个集体的"缄默的知识"的必要条件。

"缄默的知识"存在于集体当中，存在于人与人之间，它是存在于人际关系和人的相互依存性基础之上的知识。佛经中有"众缘合和"这么一个词汇，意为世间一切皆为"众缘合和"而生，又因"众缘合和"而灭。就是告诉我们世间万物的本质就在于相互制约又相互依存的辩证关系。

另外，"缄默的知识"是由前辈们留在集体中，再由接班人继承与吸收，然后融入新的知识，经过多年的积累与交融，最终诞生出的新"知识"。就像表层的水是由漫漫历史长河中孕育出来的深层的水支撑起来的一样。欲将"缄默的知识"移植到其他集体中几乎是不可能的，就算是模仿也很难做到。

虽然我们无法支配"缄默的知识"，但是却可以丰富和发展它。让孕育"知识"的土壤更加肥沃，再加上刨根问底的精神，新的知识就会涌现出来。因为创新的知识是如泉水般涌现出来的，我把这个过程叫作"创涌"。涌现出来的知识，最终会以知识果实的形式呈现在我们面前，那就是企业的产品和服务。

接着，产品和服务将接受市场的检验。换言之，各企业间"知识"的优劣，最后是由市场来评判的。优胜的"知识"得以生存，反之则将被淘汰（市场就是企业间"知识"相互竞争的竞技场）。"知识"不是一种货物，当它转化为能力流动起来的时候，才能体现出自己的价值，我们才能看到它结出的果实。

那么，怎样才能丰富企业内部"缄默的知识"呢？

方法之一是树立一种爱护尊重"知识"的企业风尚，让所有的员工都拥有一颗强烈的好奇心和探求真理的心，不仅仅是去追问某个具体问题怎么办，而是要看到问题的本质，不是像学生般幼稚地讨论"企业是什么"、"工作又是什么"这些问题。更确切地说，就是在企业内树立起爱好思考和勇于探索的新风尚。这正是创造学习型、知识型企业的捷径。

不过，前提是必须要在组织内建立"知识"的评估

第四章　以东方思想解读组织形式与发展方向

体系，并给创造出专利等知识产权的个体公正的评价机制。

在这方面，值得参考的是职业棒球运动的体系。职业球队的目标首先是球队要取得胜利。但是在棒球的评价体系中对击球命中率、得分、投球成功次数（不被对方击中且在规定投掷范围之内）、防守成功率这些单个技术环节与技术统计有明确的评估系统。而且球队的知名度与球星的明星效应这些无法以数据测评的指标，也要纳入为被评估的内容。可以说，正是因为这些科学、全面的评估系统，才使得现在的职业棒球运动开展得如火如荼，棒球运动的人气也得以不断攀升。

在这里有一条不可忽视的规律——如果没有球队整体的胜利，作为个体的球员就很难获得令人满意的评价。实际上，获得赛季个人奖项的选手，大多数都出自取得第一名或者第二名好成绩的优秀球队。

而且，棒球比赛中，不惜重金买下有实力的球员未必一定能够组成一只强队，巨人队就是一个很好的例子。这再次诠释了集体项目的比赛不是简单地把个人能力强的队员凑在一起就能获胜的道理。个体的能力强弱虽然会影响到集体的实力，但是这不是决定集体实力的必要条件。个体只有将能力融入集体力量，才能充分发挥个体的潜能。

丰富"缄默的知识"的另一个方法就是重视人与人之间的关怀和集体主义精神。在集体中，要拉近人与人之间的心理距离，让大家沉浸在一种亲密、融洽、团结友爱的氛围中，从而使大家具有共同的价值观，树立起每一个成员都与集体同呼吸、共命运的风气。每个人能够客观地看待身边的人具有，与自己不同的地方，都要有主动相互适应、相互协调的责任感。这样，就能将个人与集体融为一体了。

不过，在这样的过程中，每一个个体必须先被集体接纳，同时个体与集体必须产生共鸣。为什么在这里我们要强调重视人与人之间的关怀呢？因为知识是人类生活乐趣的源泉，知识与人性是不可分割的。人正是通过"爱"、"信赖"，或者"精神、意识"这些东西为桥梁，才产生了彼此之间知识的共鸣，从而使知识得以成长和发展。

如果没有了这种共鸣，知识只不过是一些不规则的噪音而已。通过IT进行的知识管理方式，只不过是对知识的简单机械处理，缺乏人性化关怀的视角。只有人才会对事业抱有梦想和憧憬，而IT却不能。如果把知识和人的联系割裂开来，知识也将失去它的意义。20世纪是追求"资本效率"的世纪，而21世纪将是追求"知识效率"的时代。

为了让生长知识的土壤更加肥沃，必须强调一点，那就是要避免知识的近亲繁殖。虽然说我们要重视企业内部的知识，但是如果知识的碰撞和交流只在小范围内进行，就会产生类似于生物界近亲繁殖导致的子代衰退的现象。企业内部的"知识交配"，或者说"对知识的过度封闭"将导致知识的退化。

要避免这种情况的发生，就要积极从企业外部引进异质的知识，以保持企业知识的不断进化。"异质"与"同质"之间的碰撞迸发出的新知识，远远胜过同质之间的竞争。所以，要面向外界打开企业的知识之窗，让清新的风吹进来，感受外界新鲜的刺激，以求企业的知识在冲击和"振荡"中丰富起来。

个体知识与集体知识不可分割

让我们来探讨一下个体与集体之间的关系。一个人作为个体时，他谁也不是，只有他与其他人接触，置身于一个群体中时，他才能确立自我意识，思忖自己是怎样的一个人。下面，就利用辩证法来说明个体与集体"知识"的不可分割性。

(1) 知识存在于个体

我们通常所讲的知识管理（knowledge management）将存在于个人的知识作为出发点，并将此知识转化成可为集体内所有成员共有的形式作为知识循环的开端。而后，通过个人知识，把数据、来自新闻的信息，还有经验和具体事例等作为知识的素材，不断地积累、共享和交流，以获得新的知识，提高组织的凝聚力和发展动力。现在比较多的是重视中间过程，灵活运用计算机和信息技术等作为知识管理的具体实施方法。

(2) 知识超越了个人进入了集体

将个人的知识转化为集体所共有的知识时，必定会发生一些省略和变形。这时，知识中个性的要素被剔除，进行一次大"瘦身"，与此同时，知识开始了脱离人的独自漫步。但将这样的知识聚集起来，进行剪接和粘贴，能否产生出新的知识，我深表置疑。

另一方面，集体中存在着无法还原给个人的集体固有知识，那就是缄默的知识。只有在这里才能"创造和涌现"出新的知识。惟有重视人与人之间的关怀、集体主义精神和共同的价值观，才有可能获得缄默的知识。

(3) 个体知识与集体知识不可分割

通过上面(1)和(2)的论述我们可以得到下面的结论：知识存在于构成集体的个体与个体之间，个体知识与集体知识是不可分割的。这是将(1)和(2)取其精华去其糟粕后升华出的方法，也是站在"缄默的知识"的基础上探寻新知识的总体方案。这里说的总体方案是指将各个部分有机地结为整体的思维方式。按照这个总体方案，许多个小的个体知识将被编入集体，融进集体的大知识中去。

知识的出发点虽然在个人，但是集体的知识将超越个人的知识。深化个人的知识与集体的知识之间的相互作用，使之一体化就是经营管理的工作内容了。个体与集体是不可分割的，正如哲学家西田几多郎提出的："一即多，多即一"所阐述的道理，或者说是该哲学理论的现实例子。

通过加强经营管理，深化个体与集体之间的相互作用，使知识螺旋式上升，缄默的知识将在企业（集体）的知识地壳中形成。

不论人还是企业都在大自然中求生

在这一小节里，让我们换个角度，沿着基于中国古老的阴阳五行学说发展起来的民族传统医学——中医学以及其思想来源《易经》的思想，来思考"缄默的知识"

第四章 以东方思想解读组织形式与发展方向

之由来，以及运用时应该采取怎样的经营管理模式等问题。

正如前面已经谈到过的，个人和企业所拥有的知识是源自神给人类留下的馈赠，而这正蕴藏在天命和大自然的法则当中，这些是我个人最基本的观点。自然这个词中包含了通过经验所了解的有形的自然（形而上）和隐藏在有形的现象背后无法以经验获知的自然（形而下）两层意思。希望大家理解的大自然是包含了这两层含义的大自然。

要让企业的知识更加丰富，就不能只在企业内部展开讨论，而是需要面向广阔的、包括着人类社会，包括我们在内的大自然。大自然中生物的生息繁衍之中就蕴藏着伟大的知识，却通常被我们忽视了。《论语》中有"子曰：天何言哉！四时行焉，百物生焉；天何言哉？"这样一句话。"四时"讲四季之更替，比方说树木春天开花，夏天枝繁叶茂，秋天果实累累，冬天叶落休眠。这是植物的生物节律。随着季节的变化生生不息，时而茁壮成长，时而又忍耐着恶劣的环境等

自然界

人类社会

企业的知识
（形式知识、暗默知识、缄默知识）

大自然的知识

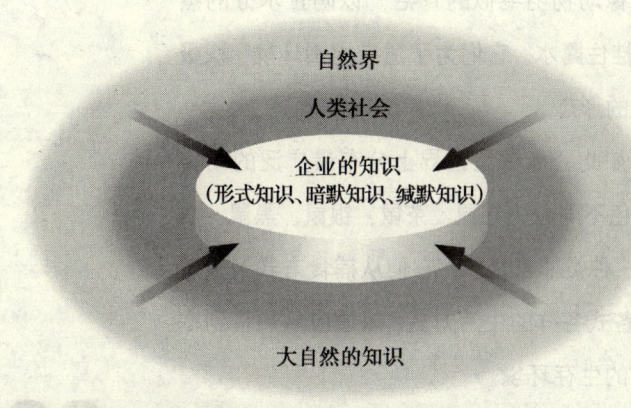

图4-2　大自然的知识转化为企业的知识

待下一次生命周期。就这样几经春秋，挨过了四季的风霜雪雨，主干一点点长得粗壮了，终于长成了大树。而年轮则是记录下生命周期中动与静更替的烙印。

企业的"生命周期"也是如此。不可能一成不变保持良好的发展势头。既会有发展与扩张的时期，也有休息、停滞的时期。对于日本的企业来说，现在正值苦寒的严冬，早晚的寒风已经冷入骨髓，可是现在却还看不出何时春天的阳光才能普照大地，现在我们最重要的就是要采取符合季节的生活方式。

有时候，也有必要间歇性地拿出一些时间来为下一次的飞跃研究战略。只一味想着"前进！前进！"的发展思路，是无法期待更长远的成长与发展的。

生物不仅顺应着四季变化，还会依照它们栖息地的气候和环境不断改变自己的生活方式。生长在自然环境恶劣地区的高山植物，为了保护自己不被猛烈的暴风刮倒，尽量把根系扎向地表深处并向四周伸展，同时枝干也长得很低。而且为了能在水分很少的情况下存活，叶子上覆盖有像动物羽毛似的茸毛，以防止水分的蒸发，还很容易挂住露水。它们为了适应周围环境，积极地改变着自己的形态。

动物也是如此。老鼠是世界上分布最广泛的动物之一，按照毛色不同分为红鼠、茶鼠、银鼠、黑鼠、白鼠、北极鼠等，种类非常繁多。它们从捕食方式到繁殖方式，演变出各式各样的生活方式，以适应从热带到寒带的各种不同的生存环境。

提出进化论的达尔文曾说过："适者生存，能留下

第四章 以东方思想解读组织形式与发展方向

来的不是最强悍的、也不是最聪明的生物,而是最能适应环境变化的生物。"企业和社会也要不断适应经济环境纷繁复杂的变化,和环境共生下去。大自然里充满了这样的教诲,是座取之不尽、用之不竭的知识宝库。一草一木,一鸟一鱼,都可以成为我们的老师。

神秘的大自然还蕴藏着许多不为人类所知的秘密和宝藏,人类必须有一颗儿童般旺盛的好奇心和探求心,并保持着像孩子般充满感性与灵敏的触觉才能获得大自然留给人类的遗产和瑰宝,正如海洋生物学家雷切尔·卡逊(Rachel L. Carson)所说的"sence of wonder",从大自然获得知识看起来似乎是一种很被动的给予,其实人类必须充分地发挥自身主观能动性,同时还需要具备敏锐的灵感。

斯宾诺莎(Spinoza)是关注自然、崇尚自然的哲学家中的一位,斯宾诺莎主张"神即自然"的自然泛神论。按照他的说法,我们所讲的大自然是知识的源泉,即"知识即自然",而大自然是知识的宝库,也就是说"自然即知识"。那么这知识不正是神在自然的某个角落里留给人类的知识、法则与天命吗?

企业今后是否应该谦虚地学习"自然的知识",并以此作为一切工作的出发点呢?人类不过是自然界千千万万种生物中的一种,企业作为人的集体也是一样的。而这正是"天人合一"。

惟有人与自然和谐的智慧才是解决今天世界与人类面临的全球变暖、沙漠化、资源枯竭、环境伦理、生命伦理等问题的大智慧;惟有人与自然和谐之智慧才是构建可持续发展的经济社会等问题的大智慧。这样的智慧,企业没有理由不在生产经营中思考和借鉴。

"企业的社会责任"(CSR)这个问题已成为现在的焦点话题,其中各厂家和企业对于地球环境问题应采取怎样的对策更是备受关注。要解决现今人类面临的这些问题,应该以传统的东方思想为立足点和根本,如诠释了人与自然关系的"天人合一"和"梵我一如"(印度关于宇宙的根本原理,将梵与人类自身同等看待的思想)的思想、还有日本自古以来崇尚的宇宙与自然"自然而然"的运动变化,和人类自身融为一体的宗教思想等,这些都是人类从大自然中获得的知识。

阴阳五行中的相互依存

中国古代的自然哲学阴阳五行思想堪称是从自然界习得知识的杰出典范。所谓阴阳是从世间万物阴阳相互作用之"对"(即对立与统一)的关系中发展出来的思维方法。阴阳之间不断运动变化,处于此消彼长,此长彼消的恒动之中。一定条件下阴阳还可以相互转化,即阴可以转为阳,阳也可以转为阴,万物的生成、变化乃至消灭都是事物内在阴阳双方运动的结果。

五行学说的基本概念是:天地万物都存在着木、火、土、金、水五种属性,称之为五行。而五行之间又存在着相生(相互滋生、促进、助长)相克(相互制约、抑制、克服)的相互依存关系,个体与整体就在这样相生相克的相对平衡中对立统一。

根据阴阳五行学说,世间一切事物都不是孤立、静止的。事物的个体(部分)与整体之间有机地联系在一起,个体与整体是不可割裂的统一体。个体与整体之间

第四章 以东方思想解读组织形式与发展方向

不是绝对对立的，而是既对立又统一地存在着（参看章尾资料3）。

同时，这个统一体不是静止、一成不变的，它总是在不断地变化和运动。这种思想在讨论组织中个体与整体之间的辩证关系，以及在运动变化中涌现出知识的时候，极具参考价值。

阴阳五行的对立统一观点被古代医学家创造性地吸收、借鉴，并与长期积累的解剖、生理知识和疾病防治经验相结合，从而形成中国的传统医学，即中医学。中医理论认为，疾病的发生是人体内的阴阳失去了相对平衡，让人体重新恢复平衡，疾病也就治愈了。这也就是所谓的体内平衡的思路。

而现代的西方医学在诊断过程中，通常只在患者身体的一部分（患处）找病因，以对患处局部的治疗，或者是干脆将其摘除这样的思路进行医治。这种头痛医头，脚痛医脚，哪儿生病了就换换零件的方法，简直如同把人当作机器来对待，是人体机械论。与之不同的是中医学把人体作为一个有机的整体来考察，"关注的焦点不在疾病上，而在于病人"。中医学会站在多个角度来看待疾病，之后再对患者采取适当的治疗方案（这个过程叫作"辩证论治"，参看章尾资料4）。辩证的过程即诊断的过程，四诊"望、闻、问、切"是最基本步骤，实际上还有"八纲辩证"[1]（阴、阳、虚、实、寒、热、表、里）、"脏腑辩证"[2]（五脏六腑）等很多方法。"论治"亦如"辩证"，也是采取多维的视角，包括基本方法，即治则

---

[1] 八纲辩证是根据四诊收集的资料，进行分析综合，以概括病变的大体类别、部位、性质以及邪正盛衰等方面的情况，从而归纳为阴证、阳证、虚证、实证、寒证、热证、表证、里证八类基本症候。

[2] 脏腑辩证是根据脏腑的生理功能、病理表现、综合八纲、病因、气血等理论，通过对四诊所收集的资料，进行分析归纳，借以推究病因病机，判断疾病的部位、性质、正邪盛衰状况的一种辩证方法，是中医辩证方法中的一个重要组成部分。

八法（汗、吐、下、和、温、清、消、补）和多种具体治疗方法。

将自然的知识融入民族传统医学的例子，除了中医学外，还有印度的Ayurveda❶和犹太医学，在这里就不详细展开论述了。我们不能忘记，不论哪个民族都是在向自然学习的过程中，把自然的知识运用到民族医学中去的。而这些，正是西方医学所忽视了的知识宝藏。

能将个体力量激发出来的中医组合

集体工作中最重要的就是能否将具有多方面、多种多样知识的人才巧妙地组合在一起，而在这个问题上，中医的方剂为我们提供了参考。中医的方剂基本上是将多味草药适当地配伍在一起，很少有单独采用一味药的情况。

方剂的组成，一般有君药、臣药、佐药和使药四个部分。君药为方剂的中心，针对主病；臣药是配合主药，加强疗效，起协同作用的药物；佐药是协助主药治疗兼证或缓解烈性、毒性的药物；使药则是引经、调味的药物，起到让整付药更好地配合在一起的功效。中医的方剂就是像这样多味药物相互引导，最终起到了"药半功倍"的疗效。

其中很令人深省的是，在一个药方中作为君药的药物，在别的药方中却会作为臣药或者佐药来使用。君、臣、佐、使之分只是在一付具体的药方中承担职责的不同，而不是指各种药物固定下来的作用和效果。

同样道理，在一个组织中，成员之间也会有君、臣、

❶ 阿育吠陀，印度古老医术。

第四章　以东方思想解读组织形式与发展方向

佐、使之分工的不同，但这仅仅是在那种特定情况下承担的职责之分。此一时的君，彼一时也可能变为臣或者佐。最重要的是，每个人都能时刻充分认识到自己所处的位置和应尽的职责，与其他成员密切配合，互相帮助，发挥出集体的综合实力。人与人之间配合的默契程度决定着组织的成败。沙盘推演是毫无意义的空想，人与人之间能否巧妙地组合在一起，将是比每个个体能力大小更为重要的因素。

特别是那些在职责与职能上分工不同的人，如果他们在组织中做事独断专行，不论他们的个人能力有多大，这样的集体都很难成为强大的团队。问题的关键就在于人与人组合效果（相生相克）的优劣上。

组合的优劣也会随着环境的变化而变化。被派往海外工作的人可能经常会有这样的经历，比如在日本一起共事时非常合不来的同事，到了海外却能和睦又默契地相互配合，而且最终两个人也化干戈为玉帛了。这就是环境、工作的氛围和工作的内容给人际关系带来的影响。

像这样，不同的人际组合会让每个人表现出自己的多面性，所以我们要努力尝试通过各种不同的组合，开发人的多面性，并寻求更好的"配合"。

对于"组合"，印度传统医学 Ayurveda 的草药处方中有一种有趣的构想，叫作"灿烂的群落"（consteliation），这个词的本义是"星座"，也可译作配置、排列。其基本设想是：每一个星星虽然很小，其光辉未必耀眼，但是满天的繁星一丛丛聚集起来就是神秘又绚烂的星座。

这种思想引入组织当中就是：每一个成员未必都胆识过人，但只要将大家巧妙地组合在一起，组织就能"灿烂夺目"。

集体与个体相互促进

五行（木、火、土、金、水）的圆环，可以显示出集体与个体之间的相关性（如图4-3，右）。在圆环之中，既无起点也无终点，五行在生生不息地运动、变化之中相互滋生又相互制约，保持着动态的平衡。

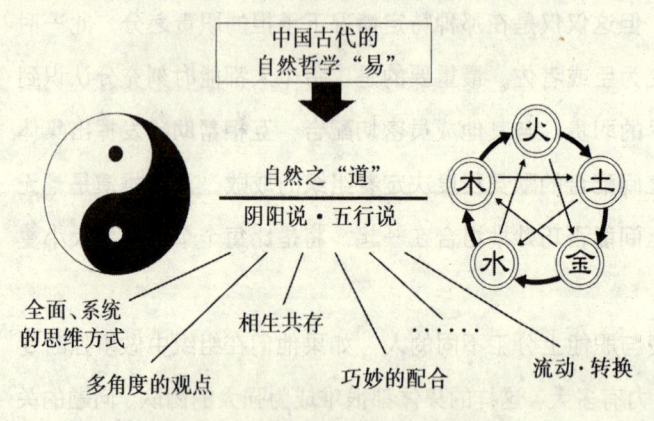

图4-3　东方传统自然哲学的精髓

在西方的思维中，知识的产生首先要确定以某个位置为起点，然后从那里按照严格的因果关系演绎出完整的知识体系。而五行的思维与其相反，无法像西方思维那样把某个位置确定为知识产生的起点，只能在循环的系统中连续滚动，找不到起点也找不到终点。知识是在多个要素有机构成的整体内通过要素之间的交叉与融合涌现出来的。

西方的思维结构中知识的出发点是固定的，与此相对，在体现了东方思维结构的五行学说中，知识的出发点可以在整体中的任何位置，无法还原为一个特定的点。我更愿意将这个整体叫作统一体。在第一章中已经提到过，统一体就是一个由个体（部分）有机地结合在

第四章 以东方思想解读组织形式与发展方向

一起的系统。

不过，这样说决不是忽视个体的意义。要想产生出属于集体的"缄默的知识"，就需要多样性的个体。个体之间互相支持又互相帮助（相生），有时也会相互摩擦相互碰撞（相克），在各种不同的组合下重复着协作与对抗的交替与轮回，轮回之中丰富了整体的知识。

整体知识培育着个体的知识，而个体的知识又将集体的知识提升到了更高的层次。个体与整体相互作用、相互促进，知识呈螺旋式上升，孕育了集体"缄默的知识"。能巧妙地将多样性的异质的个体组合在一起，比单个个体的能力优异更重要。

在中医的理念中，疾病不是身体某个部分出了问题，中医往往把目光放在病人（整体）身上，将人作为一个完整的系统来看待。这种思维方法教给我们一种模糊、不过分追究细节而是按照对整体的感知来看待问题的方法及其重要性。而这种整体的视角在把握"缄默的知识"时不可或缺。

在集体中，不论是谁拥有清新可见的形式知识、通过个人身体才可展现的暗默知识，或是恰似雾里看花但又确实存在着的暗默知识，本质隐藏在现象背后，无法用肉眼看到。缄默的知识就是类似于本质的东西。虽然肉眼看不到，闪烁迷离，但却不能忽视其存在。只有蕴涵着丰富的缄默知识的企业，才能在竞争中游刃有余。

更进一步讲，缄默的知识相当于企业的存在意义，也是这个企业存在的理由。这就如同个人要追求人生的意义一样，企业也需要自己存在的意义和价值。类似于人在诞生到世上之后要为实现自己的梦想而奋斗，承担某种职责和责任，尽量度过有意义的人生，作为企业和集体也会有那样的需要。这种生存的意义也正是企业存在的价值和意义所在。

但是，若是所有企业都为了同样的目的而存在，做同样的事情的话，那么每个企业存在的价值就会降低。故企业要拥有自己独特的知识，以此创造出其他企业没有的产品和服务，并以此证明自己存在的意义和价值。换句话说，就是说企业如果没有个性，就会失去存在的意义。

站在这样的立场上，所谓企业活动的本质，就不再是进行相对的价值竞争了，而是一种追求绝对价值的创造。缄默的知识将成为创造绝对价值的资本，是各企业独有的知识。

让东方智慧在经营中发扬光大

中国古代有句名言："君子豹变"，出自四书五经中的《易经》。通常被人们理解为：君子善变，令人无所适从。不过，因一次偶然的机缘，我开始学习《易经》，才知道这句话本来是："君子豹变，小人革面。"意思和原来理解的完全相反。

这句话在《易经》中的意思是："优秀的人懂得要不断改变自己，每天都会有日新月异的变化和进步。这就如同虎和豹一到秋天就会换毛，季节更替便呈现出一副新面孔一样。能够不断改变自己的人可为圣贤。与此相对，小人为保全自己要经常揣摩上面意思，察言观色，投其所好，被动地改变自己来适应上面的步调。"

第四章　以东方思想解读组织形式与发展方向

中国的思想中，包括阴阳五行学说，其根本是一种独特的宇宙观或世界观。而《易经》就是打开中国思想之门的钥匙。人们一直认为所谓"易"就是过去在街头占卜吉凶的算卦者使用的占术，还有的说法为："中者八卦，不中亦八卦。"但是，这是完全错误的看法。

"易"是通过六十四卦的不同组合来解释自然界与人类社会的根本原理，是规模宏大的古代自然哲学体系。同时易能够预测未来，是指导人生之道的实践指南。人们经常讨论的都是应付各种变化的对策，而《易经》教给我们的不是怎样作出对策，而是预见可能发生的变化，是对将来的未雨绸缪。

就在我们身边的中国，现在已经有人开始灵活运用这古老的教诲来研究日本和欧美的经营方法了。据我所知，浙江大学的教授出版了一部叫作《东方智慧与符号消费》的研究报告。此书通过易与阴阳五行的理论来解读日本饮料市场的生产计划和广告宣传等营销手法。

不仅如此，中国还尝试用"大自然中包含了一切知识"的东方思维来解释欧美的商业手段，用与西方以个人为中心的思想截然不同的世界观展望未来，制定下一轮竞争的战略。他们的这些努力，对日本企业是极具启发意义的实例。

关于《易经》的"易"字有很多说法，有人说表示日（阳）与月（阴），也有人说是玉的形状与玉发出来的光。不过比较可信的说法是"由侧面看蜥蜴创造出来的象形文字"。上半部分的"日"象征着蜥蜴的头部，而下半部的"勿"则表示蜥蜴的足与尾。

有一种蜥蜴叫作变色龙，一天中身体的颜色会变12次。由此联想"易"字则有变化的意思在里面。有部占筮书，写的就是通过数筮竹的数量变化来占卜。书名为"易"，经过漫长的岁月，逐渐形成了《易经》的体系。

人不是神，就算能够理解眼前和过去发生过的事情，也无法预测未来。而且在天文学和气象学不发达的时代里，对于人类来说，赏赐谷物和果实大丰收的自然，有时候也会带来各种天灾恶魔。

在自然的威仪之下，人类除了俯首帖耳地顺从之外，当然想要了解日月星辰（太阳、月亮、星座）运行的法则和大自然的规律，比如什么时候台风来袭，或者提前预知是否会发生旱灾等。如果能预知未来之事，人类就不用再因害怕天有不测风云而惴惴不安了。这就是占卜产生的根源。

中国古代的占卜术，在殷商时期，是具有一定王权的巫师通过烧龟壳、牛骨，观察其裂开的情形作为农作物收成、战争的胜负以及重要官职的人事任免等政策的参考资料。而之所以选用龟壳与牛骨是因为乌龟和水牛在当时被尊为神圣的动物，认为它们身上带有神的意志，这个叫作龟卜。以上事实在殷墟的考古发掘中已被证实。

中国古代曾经用一种叫做蓍草的植物做成蓍筮来占卜。后来蓍被使用方便的筮竹所代替，但是蓍筮被纳入了阴阳思想之中，产生了后来的八卦，成为数理理论的基础。传说，在中国开国神话中的三皇五帝中的一位——伏羲创立了阴阳学说的八卦。蓍筮摆脱了建立在阴阳思想之数理基础之上的神秘的占卜领域，形成了包含自然哲学与实践道德的、独特的"易"的世界。

记录著筮预测吉凶、善恶结果的文本被称为筮辞,成了易的素材。逐渐将最初的八卦扩充为六十四卦,并添加了判断各种占卜的文字(系辞)。而后,又创作出了总称为《十翼》的十篇注释和理论著作,形成了前面所描述的那样上至天地自然之运行,下通社会人世的方方面面的《易经》体系。

从《易经》中探寻事物变化的规律

《易经》的主干就是阴阳五行学说中阐述的阴阳思想。自然界中有天地昼夜,人世间男女有别、父母有异。数字之中有奇偶之分。宇宙间万物都包含着阴阳相互对立的两个方面,由于阴阳两方面的运动变化,构成了一切事物,推动着事物的发展变化。

但是所谓阴并不是绝对的,阳也不是一成不变的,在一定条件下可以相互转化。极"动"为"静",极"静"为动。"刚"可化"柔","柔"亦可为"刚",刚中带柔。阴阳之间无限地变化运动着。《易经·系辞上传》中有下面这样一段话:

一阴一阳,此为道也,承此道者善也。

意思是说,阴与阳之间永无休止地相互转化即为道,人为解此道所付出的努力是值得的,谓之正道。也就是说,易的思想讲的是阴阳之间不断运动变化的关系,这样的法则就是所说的道。

"易"包含了"变易"、"不易"与"简易"三层意思。"变易"是指变化的事物,"不易"说的是不变的事物,而"简易"则是指简单明了的事物。宇宙现在既是变化的，同时也是不变的，既复杂神奇，同时又简单明了。这三个命题相互之间并不矛盾。因为事物在从"太极"所说的一元的"气"分为"阴"与"阳"之后，才形成阴转化为阳、阳转化为阴的不断运动变化的状态。人在认识到事物这种变化的法则后并遵循该法则，其行为方可实现善。

由太极中分化出来的阴阳如图4-4所示，以--（阴）和—（阳）两种符号表示。--与—称之为爻。将--与—之间二重结合后有四种形式，即《易经》中的四象，应用于四季之中即为老阴（冬）、少阴（秋）、老阳（夏）、少阳（春）。再将四象相互结合得到八种形式，即《易经》中的八卦（乾、坤、震、巽、坎、离、艮、兑）。将八卦应用于自然现象即可表示为（天、泽、火、雷、风、水、山、地）。

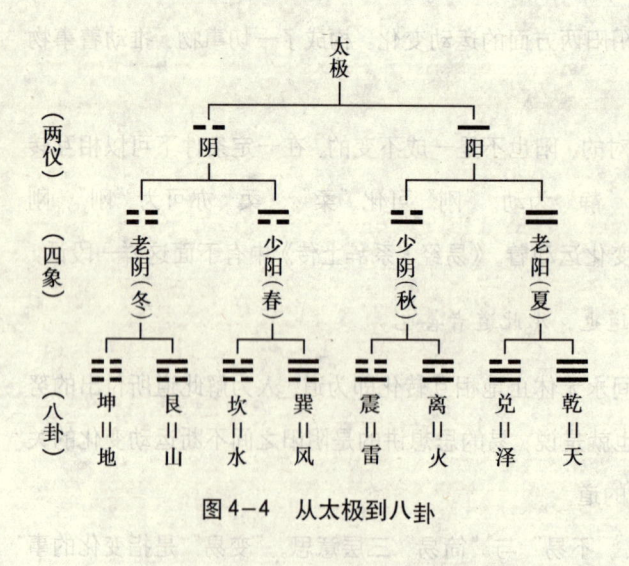

图4-4 从太极到八卦

再将八卦每两个相结合即可得到六十四卦。在六

第四章　以东方思想解读组织形式与发展方向

101

六十四卦中纯阳之卦为☰(乾)，纯阴之卦为☷(坤)，这两卦代表世间事物对立的极端。所以源于此，有了"乾坤一掷"这个成语，意思是押上天地间的一切来赌输赢。

六十四卦各有名称，并附有表明吉凶的文字，被叫作象辞。另外，六十四卦中每卦各六爻，共包含384爻，每一爻均有自己对应的位置和上下关系，按照自下而上的顺序，附有表示吉凶的文字在上面，成为爻辞。前面提到的《十翼》就是解释象辞和爻辞的书籍。

卦的内容到底是什么呢？下面稍微介绍一下，比如说六十四卦中的第一卦☰(乾为天)的象辞是这样写的：

乾：元、亨、利、贞。彖曰：大哉乾元，万物资始乃统天。云行雨施，品物流形。大明始终，六位时成，时乘六龙以御天。乾道变化，各正性命，保合大和，乃利贞。首出庶物，万国咸宁。象曰：天行健，君子以自强不息。

这里所说的"乾为天"预兆着"盈之后即为亏"。天乃阳刚之气，周流上下，其运强健。此卦天作为自然要素而言，为纯阳之气，象征着人正值壮年期事业一帆风顺蒸蒸日上之卦。但是，万物皆盛极必衰，到达了顶点也是走向衰落的第一步。所以，在事情进行顺利的时候要慎重地作一些调整，不要发展快得过头了，以免物极必反、乐极生悲。时刻要保持这种态度是非常重要的。

易是一种能够预测未来的学问，人们首先通过占筮得到爻卦，再依照爻卦上面写的辞预测未来，从而反省自己的言行举止。

"乾为天"告诉我们，当企业全面呈现出一派繁荣景象之际，其实背后已隐藏着衰退的征兆了。决策层一定要居安思危、未雨绸缪，同时要对未来发生的变化作好充分的思想准备，并且从现在就开始着手研究对策。

另外，《易经》还教诲我们不能总抱着直线思维，在《易经·系辞下传》中有这样一句话：

"尺蠖之屈，以求伸也。龙蛇之蛰，以存身也。"

"尺蠖"将身子蜷缩起来，是为了下一次伸展，龙在冬天隐居起来是为来年腾飞储备能量。

这些知识运用到企业经营和MOT中应该就是："偶尔要喘口气休整一下，为下一次的发展积蓄能量是非常重要的。不要一味只是向前冲。"这句话包含的意义非常深刻。

预测未来的《易经》

在中国汉代历史学家司马迁的《史记》中是这样描述的："易即为天地阴阳四十五行。故其长处在于明晰了事物的变化规律。"《易经》的英文名称为"Yi Ching Book of Changes"，可见西方与司马迁对于《易经》的观点一致。

不过，对于占卜所得的爻卦与卦辞中的学问各方的意见出入很大。

筑波大学名誉教授高桥进认为，《易经》有以下五个方面最为值得后人学习借鉴。

①世间万物都是由细小的部分组成的——细节决定成败。故不以善小而不为，不以恶小而为之。

第四章 以东方思想解读组织形式与发展方向

②事物都在不断地发展变化之中——即变化潜藏于未然。阳（盛、强、长……）的背后潜伏着阴，而阴（衰、亡、弱、减……）的背后亦潜藏着阳，阴阳循环永无止尽。所以，要像"治不忘乱""居安思危""安不忘危"所说那样作好思想准备才能有备无患。同时，不论这一刻是多么幸福快乐，都要清醒地认识到一切都会发生改变；而不论眼前是多么不幸，多么黑暗不见天日，要知道总有一天这一切都会结束的。不可得意忘形，亦不可自暴自弃。

③变化的发生发展是有一定规律的——易的卦与爻各有自己的位置。按照一定的规律运动变化。每个人都有自己的个性。按照自己的能力与方向成长。这些变化发展都是有规律的。人生应该是以自己的个性为基础发挥主体的能动性的过程。

④谨慎对待机遇（前兆、征兆）——事物和言行必定都存在某些"机缘"或者"契机"，应该时刻准备着抓住这些"机遇"。如果，不论是初见端倪的还是显而易见的"机遇"和"征兆"都能把握好的话，一切都会进展顺利的。

⑤改正错误能为善——真理中没有做作。事物都应还其本来面目，违背于此不可为善。伪装、反自然是通向错误与恶之路。符合"易理"，也就是符合"道理"的行为称之为善行，如果偏离此路就要马上改正。

这一席见解已无可指摘与添加之处，而我个人认为易的根本应该在于实践之中，正如"易，是对不断变化的事物和前方不可见的未来的自然法则与教诲，并在此之上预测未来，且主观能动地度过对未来有预见性的人生"所旨。如果能够对未来提前预测，那就能对将要发生的事情现在就开始着手作准备和想对策。

当然，想要通过"易"精准地将地球和世界，还有我们人类自身的未来完全掌握在手中是不可能的。不过我们能做的就是尽人事而听天命。在东方知识宝库《易经》的思想之中，的确是包含有很多对企业经营，乃至生产企业的MOT非常有益的教诲。

实际上，近300年来，西方将"易"作为系统化的知识宝库进行评价的观点不断涌现，并且日益完善起来。以17世纪的哲学家莱布尼兹❶为开端，19世纪到20世纪心理学家荣格❷、物理学家玻尔❸和历史学家汤因比❹等，各个领域的著名学者都以自己的方式解释"易"并给予了评价，留下了相关著作。

据说，先驱者莱布尼兹的思想来源于斯宾诺莎的泛神论，并受到当时已经传入西方的中国思想——宋学之系统化的自然观的深刻影响。作为延伸，他开始对易产生了强烈的兴趣，莱布尼兹的世界观是——世界为一个巨大的、具有生命力的有机体。既然作为一个有机体，构成这个有机体的部分（即单子）也是具有生命力的有机体，单子之间通过神的意志被协调有序地组合在一起。现在普遍认为，在他的思想中可以看出"易"的思想的影子。

莱布尼兹既是一位哲学家，同时也是一位数学家，他验证了二进制中四则运算法的可能性。今天我们称其奠定了计算机的理论基础。

我没有足够能力说明白这其中的奥秘，不过一想到现代的计算机文明源于莱布尼兹，而莱布尼兹的思想又源于"易"的世界观，古代与现代文明忽然间联系在

❶ 莱布尼兹（Leibniz, Gottfried Wilhelm），(1646~1716) 德国数学家、自然科学家、哲学家。他的研究涉及逻辑学、数学、力学、地质学、法学、历史、语言及神学等多种领域，其目的是寻求一种可以获得知识和创造发明的普遍方法。在数学中以独立创立微积分学而著称，所发表之论文从几何学的角度论述微分法则，得到微分学的一系列基本结果，是较早的微积分文献。

❷ 荣格（Carl Gustav Jung），(1875~1961) 分析心理学的创始人，苏黎世学派的领导者。他深受弗洛伊德器重，后因理论的分歧，而自创学派。其突出心理结构的整体论的方法论，扩大潜意识的内涵和功能等等，对心理学与宗教、历史、艺术、文学有深远影响。

❸ 尼尔斯·玻尔，物理学家，1885年10月7日出生于丹麦哥本哈根的一个知识分子家庭。他的父亲是丹麦皇家科学文学院的院士，是一位著名的生理学教授。由于他对原子结构模型的研究，他获得了1922年的诺贝尔物理学奖。

❹ 汤因比（Arnold.J. Toynbee）是英国历史学家，早年曾在牛津大学接受古典教育，并成为希腊罗马史和近东问题的专家。

104

了一起，一种巨大的激动和浪漫感蓦然涌上心头。

资料1　知识的三态

知识——通过各种各样的语言、符号表现出来的知识的总称。

可以交流、分享、传递的数据与以信息为媒介得到的直观理解和经验，与人一体化了的知识，还包括大自然恩惠于人类的神的知识、自然界的法则等。知识的活动终极目标就是追求真、善、美，以及将此理想付诸实践。

形式知识——能够通过语言阐释的知识

文字、数值和图标等明确表述的（explicit）知识。通过书籍或者口头说明等方式，可被广泛地分享、交流。可以创建资料库，或者在信息网上被共享、交换和传递（communicable）的知识。

暗默知识——个人的，无法用语言表述的知识

与"形式知识"相对应的就是"暗默知识"（implicit）。是已经与人一体化了的知识（embodied），虽然难以转述，但在特定的环境场合下还是能够在一定程度上被理解和共享的。在工作中，暗默知识以形式知识为媒介进行频繁的互动与交换。

缄默知识——属于集体的非语言知识

虽然肉眼无法看到，但不论在个人身上还是集体内部都存在着缄默知识。对于人来说，缄默知识是比暗默知识更深层次的知识；而对于集体来说，缄默知识是通过每天的工作，在集体中不断积累和继承下来的，充满了人文关怀的知识。它深植于集体的根基（embedded）中，是成为形式知识与暗默知识基石

的本源知识。

图 4-5　缄默知识与 Affordance [1]

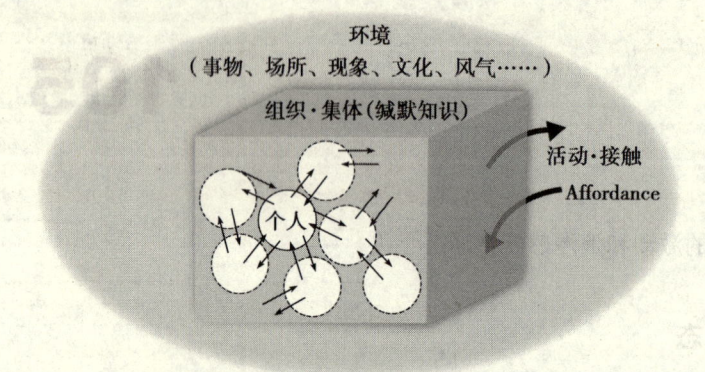

资料 2　缄默知识与 Affordance

Affordance 这个词是由心理学家吉布森[2]从英语单词 afford（给予，提供，产出等）延伸创造出来的。Affordance 用来描述人和动物周围的环境给予人和动物的影响，以及周围环境对于生物潜藏的意义和性质。这些在人和动物活动及与环境接触的过程中才会显现出来。人和动物以这些为线索生息繁衍着，构成环境的事物、场所、现象等都具有 Affordance，我认为对于集体来说，文化、风气等也可以认为是 Affordance 的构成要素。

以 Affordance 的视角来理解人和动物的行为时，就必须先要了解他们生活在什么地方、周围环境怎样、生存状态怎样等这些信息。也就是说必须全面地掌握环境情况的信息。

作为企业这样的集体也是一个环境，这个集体给予个体的影响之一就是潜藏于集体中的缄默知识。人在

[1] 中文可以译作供给、给养、可伺服性、功能可见性等。

[2] 美国发展心理学家，知识觉心理学家，普林斯顿大学心理学博士，康乃尔大学教授．，主要从事婴儿的知识觉发展、儿童阅读技巧发展和动物行为的研究。

106

集体这个环境中活动,不断接触其缄默知识,随之获得各种各样的Affordance,从而成长起来。

我们平时经常会遇到这样的情况,和某人接触后说:"那个人很像是××公司的人啊!"到底是什么让我们有这样的感觉呢?因为平时每天的工作都是基于企业"缄默知识"来开展的,每一个企业的员工潜移默化中,共享着来自集体(企业)的"缄默知识"。同一企业员工所特有的、共同的对于事物的思维方法、价值观和作风等,不经意间显露出来就会让别人有上述感觉。在谈及企业的"知识"时,无法忽视潜藏在集体内的Affordance和"缄默知识"之间的关系。

资料3　五行的生克乘侮

图4-3右边的圆环就是一幅五行(木、火、土、金、水)的相生相克图。外侧的箭头表示相生,内侧的箭头表示相克。相生循着外侧箭头的指向,水生木、木生火、火生土、土生金、金生水,相生之物相互之间有推动、促进、帮助、保持和发展的关系。相克循着内侧箭头的指向,水克火、火克金、金克木、木克土、土克水。相克之物相互之间有阻碍、妨害、制约、破坏和倒退的关系。五行学说讲,世间一切事物都是由五行之间(木、火、土、金、水)相生相克,运动变化生成的,这五种物质之间,存在着既相互滋生又相互制约的关系,在不断的相生相克运动中维持着动态的平衡。五行的相生相克关系可以解释事物之间的相互联系,而五行的相乘相侮则可以用来表示事物之间一方过于强盛,或者过于弱小导致相生相克关系的崩溃,也就是平衡被打破后的相互影响。五行之间本应相生相克、相乘相侮相互制约着。比如说:木与土本是相克的关系,如果木过于亢盛,

而金又不能正常地克制木时，木就会过度地克土，使土更虚，这就是木乘土。相侮，即五行中的某一行本身太过，致使克它的一行无法制约它，反而被它所克制，所以又被称为反克或反侮。世间万物之间都是相互依存又相互制约的。一方得益，另一方则会受损，损益不相平衡的状态是持续不了太久的。这些告诉我们，取得整体上平衡十分重要。

资料4　辩证论治

中医分析诊断疾病和治疗疾病的基本原则。讨论用怎样的处方来针对病症即为"证"（认证、识证），这就是诊断的过程。诊断要根据四诊所收集的资料，通过分析、综合，辨清疾病，故为"辨证"。然后，确定用什么样处方的药来治疗，这一过程即为"论治"，合起来就叫作"辨证论治"。

第五章

让创新的视野更宽广

产品即商品

现在重新回到前面的话题。制造企业所有的活动都是在 T（技术）、P（产品）、M（市场）这样一个循环中进行的。研发过程产生技术，生产过程诞生产品，然后广告、宣传等营销活动完成市场销售。如图 5-1 所示。

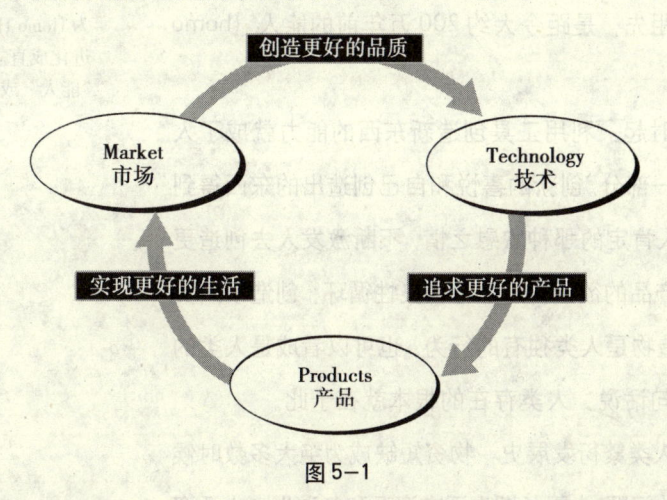

图 5-1

在此 TPM 的循环中，生产厂家通过质量优良的产品，不断满足人们追求高品质生活的要求、帮助人们实现更高品质生活的过程，就是创造产品新品质的奋斗过程，企业的利润正源于此，然后，利润又被投入到新技术的研发中去。企业的工作就是让TPM循坏不断地螺旋式上升（参照图2-2）。厂家生产的产品只有摆上零售商店的货架，才能成为等待消费者购买的商品。

其中最重要一点在于，"产品即商品"。不论性能多么优良的产品，若不能完成销售过程，就无法送到消费者的手中。卖不出去就不能成为完整的产品。也就是说，产品与商品是一体的。

那么，是什么力量驱动这个TPM的系统循环动起来呢？第二章中我们讲过MOT，我们从MOT的角度来看，这种力量就是研发中产生出来的"技术"。技术成为驱动TPM循环系统不断往复螺旋式上升的原动力。而MOT则将为此循环掌舵，保驾护航。

接下来，先让我们以制造为基点展开话题吧。制造活动早在人类开始使用工具时就开始了。最先会使用工具的人类祖先，是距今大约200万年前的能人（homo habilis）❶。

从那时起，利用工具创造新东西的能力就成了人类本能的一部分。创新的喜悦和自己创造出的东西得到欣赏、受人肯定的那种欣慰之情，不断激发人去创造更新、更好产品的欲望。正是这种良性循环，创造了人类的历史。造物是人类独有的行为，也可以看成是人类的历史。换句话说，人类存在的根本就在于此。

回顾人类繁衍发展史，物资短缺成为绝大多数时候困扰我们的问题。由于长期生活在资源和各种生产生活资料匮乏的环境中，人们更加珍惜手中拥有的物品。也许就

❶ 一种形态特征比南方古猿进步，但比直立人原始的古人类。是最早能制造石器工具的人类祖先。生活在距今约230万~150万年的东非和南非，相当于旧石器时代早期。一般认为Homo Habilis后来可能进化成直立人。中文称为"能人"或者"智人"。

第五章　让创新的视野更宽广

是因为这样，才产生出"产品牵系着命运"、"产品就是生命"这些想法吧。人们逐渐产生出一种对各种生产、生活用品的感激之情。在此基础之上，人们开始认为造物活动本身是一种"善"的行为。在日本有"针供养"和"笔供养"之类的祭祀活动，这些活动都是带着感恩的情感来拜祭栖身于针和笔——这些人工之物中的灵魂。此类祭祀活动产生的原因和背景正是传统文化中对人工所创造物品的崇敬之情。

随着产业革命的兴起，出现了以蒸汽机为动力制造产品的生产方式，从而开始进入机器大生产的时代。历史的车轮再向前迈进，又出现了汽车、电话、电视等，人们的生活发生了翻天覆地的变化。随后，人类又模仿人脑创造出了电脑，人类社会的生活在全球范围内发生了革命性的变化。

回顾这段人工造物的历史我们可以发现，由人生产出来的物品中，存在着改变人类生活和文化的巨大力量。这股巨大的颠覆之力又成为推动经济发展的原动力。正因为如此，我们不能忽视造物为社会发展完成的伟大使命。这也就是所谓的"通过生产更好的物品，实现更好的生活"的使命，也是生产厂家存在的意义。

生产企业自行提出创新提案更好

那么，"生产更好的物品"中所谓的"更好的物品"究竟是什么呢？那就是能让人们的生活更加丰富和更加舒适，令人感到某种愉悦和幸福的"产品"。举例来说，战后为我们的生活带来根本性变革的"三大神器"——洗衣机、黑白电视机、冰箱正是其中的典型代表。后来，又有吸尘器、电饭煲等家电产品不断问世，这些产品在减轻了女性家务劳动强度上作出的贡献简直不可估量。近年来，新的"三大神器"——超薄电视机、数码照相机、DVD机得到了人们广泛的认同和喜爱，它们同样也是"通过生产更好的物品，实现更美好的生活"的具体体现。

近几年，关于产品和人们生活的关系，人们通常用CS（customer satisfaction，顾客／消费者满足）来概括。CS本身已经涵盖了企业活动的全部意义，虽然说在实际操作过程中完全以满足消费者需求为宗旨可能会出现一些问题，但仍然必须铭记，只有在消费者的支持下企业才能生存。

企业与消费者的关系也随着时代的变迁而不断改变。日本经济的高度成长期是一个供不应求的时代，各类物资供应严重匮乏。所以在那时，生产方和供给方占据了供求关系中的主导地位，消费者只能被动地适应和无奈地妥协。然而，峰回路转，到了物资过剩的时代，消费者变得强势起来。这种变化已经在现实中得到了证明。

不过，我不赞同将生产与消费，需求与供给之间的关系对立起来，与之相反，我们需要找到使两者对立统一的结合点。具体如下：

第一，与消费者之间的距离保持一臂之长。

我们常说"消费者就是上帝"，但是这种思路无法诞生真正意义上的CS。因为在看待事物时，如果与事物之间的距离太近的话，反而会看不清真相。这就好比在看书的时候，眼睛与书本之间要保持一定的距离一样。只有让眼睛与书本之间保持适当的距离，才能看清书上的内容。

第二，要走在消费者的前面。

第五章　让创新的视野更宽广

生产者不能与消费者肩并肩地"齐步走"，如果不能领先于消费者一步，哪怕是半步，就不可能生产出好的产品来。虽然我们说 CS，但是假若是单单为了满足消费者目前的需求，那么，就无法达成满足消费者更深层次需求的目标。我们所追求的是更进一步地满足消费者的需求，那就是使消费者感动、惊喜的梦想，会使消费者获得全新愉悦的体验。

第三，不能惟消费者是从。

我们所谓的"经常倾听消费者的声音"，现在有一种说法叫做 VOC（voice of customer）。但这并不是说只要依据消费者的要求就能制造出受欢迎的产品。比如，做一些"现在有什么样的烦恼"、"希望买到什么样的产品"之类的问卷调查，这种简单机械地"倾听"消费者的需求，并由此制造出来的产品，基本上 90% 都会失败。

为什么会这样呢？那是因为消费者提出的意见都是基于自己过去的经验和自己现有信息、知识的范围而产生的。消费者的需求会随着时间的推移而变化，而他们回答的问卷和新产品上市之间会产生时间差。所以，这样生产出来的产品得到市场欢迎的几率很低。

所以，生产企业还是自行提出创新提案更好。所谓开发新产品，是要脱离现有产品的束缚，为消费者提供全新的东西。开发新产品就是倡导新的生活，让消费者通过新产品获得到目前为止从未体验过的生活，并为生活的丰富多彩而喜悦——这样的产品必定能赢得消费者的青睐。

不断重复与产品的对话

如前所述，开发新产品必须是倡导新的生活。而对于已经上市的产品，我们追求的是反复的调整和改良。这时我们要认真听取购买产品的消费者的意见和感受，并以此为产品改良的依据。如果不勤于做这样的工作，任其自生自灭，产品一定不会有长远的成长和发展。

产品要保持和人的对话和交流。与其说是对话，不如说是由产品开始了与人的交流。比方说，最初的移动电话就是个装着笨重电池的盒子，扛在肩上也会觉得很累。随后，人们提意见说"是否能做得更轻更精巧一些，就像电话座机那样呢？"这就是由移动电话引起的对话与交流。消费者通过使用某种产品，使得那种产品开始发出自己的"声音"。

要根据产品发出的"声音"进行改良以获得更好的产品，然后，产品会提出"这样改进一下会更好"、"那样会更好"的要求，再应对要求进行产品改良。反复的改良使产品得到了长足的进步，最终产品成为消费者与生产厂家之间牢固信赖关系的纽带，于是便形成了品牌。

关于开发新产品，我有以下的经验可供大家参考。K企业30年前开始创立"对社会的有用性"、"创造性"、"性价比"、"彻底的事先市场调查"、"流通渠道条件适合"这五条基本考察项目，作为推进研发工作的准则。

提出研发提案的产品要经过一系列严格的审核：是否能成为对企业有用的要素？是否能体现企业创造性的技术水平与理念？是否能恰当地把握好价格与性能的平衡？是否经得起各阶层消费者和事先市场调查的考

第五章　让创新的视野更宽广

验？在流通渠道方面，该产品的信息是否能顺利送到消费者手中？……最基本的精神是：既然花费了宝贵的时间和人力物力来开发新产品，那么就要创造出能引领更好的物质文化生活的产品。

当然，把上面那些准则当作金科玉律就没有任何意义了，那就成了"扬短避长"了。必须指出，在运用上述准则的过程中，一定要充分发挥集体的智慧。

虽然确立新产品开发的准则很重要，但更重要的是在企业内部建立能够创造出"好产品"的机制。关于这一点，有如下四个方面的要点。

(1) 尊重"粗糙"的idea

一般来说，未经过精雕细琢的idea新颖又具有创造性，但是在大多数情况下，会受到来自周围的挑剔和压力，最终被磨平棱角。为了防止这种情况的发生，要将新提案拿给经营领导层看。比如说，K企业设立了每月一次的"R&D会议"，旨在建立一个方便领导层与基层研究人员直接、自由地讨论和交换意见的场所。在那里，研发一线上新产品和新设想的原型，能够直面领导层，从而激发他们思想上的碰撞。

(2) 不要陷入夸夸其谈的陷阱

这一条和第(1)条息息相关，总是有人很善于挑毛病和说风凉话，"这个你们作过调查了吗"、"这个问题怎么处理的"、"这里其实并不是问题所在"等等。而创新也会被这些微妙的语言争战和嘴皮功夫扼杀在摇篮里。所以我们要构建一种机制防止基层研发人员的创新产品以及新idea在刚刚出来的时候，因这些口舌的刁难而不幸夭折。这也是创造"更好的产品"的必备前提。

(3) 树立良好的问题意识

在其他人提出新提案的时候，如果自己只是提出不同意见却拿不出建设性的提议，那就说不过去了。带着"改变什么？为了什么？"这样透过现象看本质的方法去工作，就能够提高制造水平，进而推动改善产品的品质。不过，要是始终都在思考"How"，也就是采取什么方法的问题，那不可多得的创新提案就会成为空头支票。管理人员和领导层经常会在很大程度上左右着下属工作的内容和成果。在开发新产品的时候，不能总是以批评指正的口吻，而是要与下属深入地沟通。企业能否树立良好的人际沟通和正确看待问题的风气，最终将成为决定企业成败的重要因素。

（4）把目光投向那些潜在顾客

下面举一个零售业的案例。近一个时期以来，商场和超市开始利用"贵宾卡"来进行促销，并逐渐成为营销的重点。通过"在本店购物将给您相应的积分"这样的方式拉拢顾客，并做一些实质性的降价促销活动。这和航空公司的里程积分服务是一样的。但是，由于现在所有的零售商在此项服务的内容上都大同小异，其结果是各家企业的服务和竞争依然没有体现出差别。

现在的零售业，想要使销售额提高2~3个百分点已经相当困难了。尽管如此，积分服务还常常打出2~3个百分点，有时甚至达到5~6个百分点的折扣，这种自杀式的营销策略简直就如同地心学说者一样自我陶醉。

而这种服务形式，也只是因为其他同行业的竞争对手跟进后自己不甘落后的模仿，不仅不能解决问题，而且还将在这个环节上出问题。积分服务,本身不是要通过积分卡来拉拢顾客,而是应给顾客提供高品质的服务,让他们感到因为得到了差别化的服务而由衷地感到满意,积分服务应该沿着这样的思路去赢得顾客。

制造业也陷入了与"地心说"相似的误区。美国的管理学家彼得·德鲁克指出:"要把目光更多地投向潜在的顾客。"就算某种产品在该市场上具有绝对的优势,其市场占有率充其量也就是25%～30%的样子。其余70%～75%的市场都是潜在顾客。不能把注意力仅仅放在现有顾客身上,还要不断地把目光投向现有顾客以外的潜在顾客身上。不这样做就无法提升市场占有率,更无法作出能倡导新生活方式的创新提案。

把"经验价值"添加到独创品质中

"百元店"[1]——这个通货紧缩时代的产物,20世纪90年代后期在日本刮起了一阵廉价的旋风,到今天,其风头似乎才刚刚过去。这种流通业新形态的出现带给消费者一种惊喜——"这么多种商品都可以用一百元买到!"从家庭日用杂货,到室内装饰用品、图书、领带及服装,甚至还有电子表等都成了"百元店"的商品。但是,消费者在"百元店"购物之后都会明白一个简单的道理——"一分钱一分货"。

与"百元店"出售的商品形成最极端对比的,正是那些名牌高级手表、皮革

---

[1] 日元的一百元大约相当于人民币七八元钱,而日本的工资水平和消费水平都高于中国。大城市大学生刚毕业如果找到正式录用的工作,月工资近20万日元。对照可知日元的一百元是非常少的金额。

制品和高档饰品。20世纪90年代的通货紧缩市场衰退之际,爱玛仕、路易威登等欧洲品牌却因其在日本女性中人气兴旺,掀起了一股在东京开直销店的热潮,成为一时的佳话。

为什么这些名牌能够越过国境、跨越时空地得到消费者持续的支持和追逐呢?有一种解释是:其秘诀在于这些名牌产品中融入了"经验价值"。

简单说经验价值,可能不太好理解。在我们以往的经济学中,商品的价值包括交换价值和使用价值两方面。交换价值好比一套西装能换一百公斤大米,某种物品具有能以一定的比率换来其他物品的价值。这里的交换比率当然是可以以置换为货币价值的。

而使用价值是从商品的机能、性能和有用性的角度来说的。从使用价值的角度来看,就算是路易威登的提包,也只不过是个能装东西的皮手袋而已。

但是,名牌产品的魅力在于其具有不可简单还原为使用价值和交换价值的东西。那种"东西"也许正是"经验价值"吧。这种价值是消费者使用了这种产品(或者服务),具有某种经验之后体现出来的价值。听起来从感觉上有些接近使用价值,可经验价值绝对不是可以还原为性能及有用性具体化了的东西。如果产品不具有这种"东西",即使被买了回去也很容易被丢在一边或者被其他东西替代。

关于经验价值,瑞士老字号的钟表企业萧邦的副总裁 Caroline Gruosi Scheufele 曾这样说过:

第五章　让创新的视野更宽广

要把人们对物品由喜爱而产生的愉悦和欣慰之情与留在记忆中的那些经验具体化地保留下来。比如：把旅游时拍照片、买纪念品，朋友赠送礼品等，都是将自己的经验具象化地记录下来的行为。

特定的物品被不断地赋予各种各样的"经验"，与逝去的时光一起，成为其所有者身体、生活中不可改变也不可替代的特别的一部分。这样的东西自然就会成为偏好性很强的、价格高昂的商品。

换句话来说，商品是一种特殊的"记忆载体"，里面藏有属于物主个人的故事。正因为这样，人往往对某种特定的物品会产生特别的依恋……

（《DIAMOND 哈佛商业评论》2003年3月刊）

萧邦高精度机械钟表的制造历史已经有一个半世纪之久，他们制造的精密钟表被瑞士铁路采用为计时工具，在日本也有将萧邦手表世代相传的人。正如 Scheufele 副总裁所说的那样，特定的物品是人类的记忆载体，人与物之间不断的对话构成了人自己故事的一部分。

比如说，如果老年人突然离开自己住惯了的家，就很容易痴呆。在家这样一个空间中，家具、生活用品，甚至是庭院里的一草一木，都是主人多年来倾注了心血创造出来的富有个性的作品。说那些是主人人生的缩影也不过分。作为这种物品集合体的"家"，是构成房子主人人生故事的一位不语老友，是记忆载体。一旦把人与这记忆的集合体割裂开来，人自然会容易变痴呆了。

然而，近年来各种产品的使用寿命都有逐渐缩短的倾向。用过一次马上就换掉的日用品（一般用品，工艺水平、附加价值低的产品）的发展势头越来越旺，逐渐取代着具有能留在记忆中的经验价值高的产品。现今以工业化大生产、大量消费为前提的美国式制造业模式正是这些现象的大背景，并且这股风潮乘着全球化浪潮的东风吹遍全世界。各国曾生产个性化产品的厂家们在这股风潮的煽动下，开始生产均质化的产品，不知不觉间便开始丧失自己原本的竞争优势了。

其中，还有一些企业为了扩大销售业绩而频繁地更换品牌代言人，有意地缩短产品的生命周期。像这样旨在扩大"量"的经营，也许已经没有更大发展空间了吧……

而与此相对，那些奉行反对大众化的经营战略的企业中，也不是没有成功的案例。连锁咖啡店的"星巴克"并不是生产型企业，它的成功靠的正是为顾客提供一个"能够体验到喝美味咖啡"经历的场所，而非仅仅出售"好喝的咖啡"。迪斯尼乐园也是一样，"优质的服务"、"令人愉快的吸引力"并不是他们追求的终极目标，通过为游客提供"难忘的一天"的指导思想帮助他们获得了巨大的成功。无疑，这些经典案例中的企业都是以经验价值为线索来进行运营的。

失去独创的品质，在大众化的浪潮中随波逐流，在市场竞争中被淘汰出局终将不可避免。只有通过生产高品质的产品，并在其中添加新的附加价值，才可防止这种危机的发生。

这些也正是应对消费者和树立品牌形象的重要主题吧。特别是品牌，它能够令消费者基于产品本身与其他产品的不同，产生对厂家的信赖感和拥有此产品的满足感。树立品牌形象，可形成一个包含快乐、感动和回忆这些经验价值的磁场。

逃脱大众化的秘诀就是提高经验价值。换言之，也就是企业和消费者通过这种价值进行交流的时候将建立起创新平台。也正因如此，从经验价值着眼的市场营销，现在开始越来越受到人们的重视。

让技术的故事流传下去

虽然我们在不停地讲品牌，但要树立一个品牌绝非一朝一夕之功。所谓品牌，是在产品周围萦绕着的一种类似于"场"的东西。生产厂家在以产品为媒介与消费者之间建立起来的长期的、深厚的对话关系，并在这种关系中培育出来的信赖感，可称为品牌的核心。

树立品牌不仅仅限于高端产品，有很多日常用品同样也建立起了自己的品牌。和K企业有着合作伙伴关系的Beiersdorf❶公司是有着辉煌历史的德国化妆品公司，公司旗下有妮维娅等知名化妆品品牌。Beiersdorf公司的总裁曾经说过的一段话，使当时品牌意识还很淡薄的我感触至深。与他的交谈过程中，我曾问过一个很幼稚的问题："您是为了谁如此辛劳地工作？"他的回答竟然是："我是为了妮维娅这个品牌而工作。"

他的话深深地刻在了我的心里。他是以自己的人生哲学为出发点来设定自己的目标，与我们通常挂在嘴边的"为了公司""为了员工"或者"为了股东"

---

❶ Beiersdorf公司目前尚没有标准的中文名称，故本书用其公司的英文名称。

完全不同。他说:"正是因为我们每个人都把妮维娅这个品牌的存亡荣辱牢系心中,才会有Beiersdorf公司不断的发展壮大。所以,要扎扎实实地培育我们的品牌。"

品牌,分为针对物的产品品牌与集企业的经营理念和价值观之大成的企业品牌两部分。其中的关键在于如何将消费者对于单个产品的肯定最终集合成为对企业品牌的忠诚。

对于制造业来说,当务之急是要生产出"更好的产品"来。

那么,品牌到底是怎样培育出来的呢?一般来说,培育品牌有以下两种途径:其一,是通过代代相传,在时间上纵向地延伸。从父母到儿子,再从儿子到孙子。祖母经常向母亲夸赞自己喜爱的产品,然后母亲也开始使用。等女儿长大后,即使结婚组成自己的家庭并有了孩子后,依然继续使用这种从祖母辈就开始喜爱的产品。虽然这需要花上二三十年的时间,但这是一个品牌成长的故事,而且品牌如此延伸的故事的的确确存在着。

另外一种途径是产品的忠实用户向亲朋好友推荐,空间上横向推广。比如主妇间的闲聊、同事间的交流、玩伴间的畅谈等,通过个人的人际传播扩大品牌的影响力。近些年来,信息技术的发展让人际传播的速度和广度有了更大的拓展。

这一横一纵的时间与空间的延伸与扩展树立起了品牌。也正因为如此,企业与顾客之间建立起的信赖感一旦被打破,不论是产品品牌还是企业品牌都将灰飞烟

第五章 让创新的视野更宽广

灭。这绝对不是耸人听闻，雪印事件❶给我们留下的教训还在耳畔。

  品牌经营从长远来看，是帮助企业增收、成长和发展的有效手段。……宝马的高端产品上集合了这些。我们的原点是运动性、创新性和高品质，这些是我们的强项。遵循这种哲学的发展路线推动宝马的品牌发展壮大。……这种哲学不能让所有人都满意。让所有人都有稍许喜欢的东西不可能让某一个人为之狂热。要集中优势能把品牌做大做强，汇集自己优势的产品必定能获得成功。

  众所周知，宝马在高档车市场上是以锁定目标的焦点战略来谋求扩大市场的。宝马的首席执行官海莫特·潘科(Helmut Panke)强调的不正是"选择与集中"的重要性吗？在日本，谈到品牌，就会有"让所有人都喜欢"的思维定势。可是

---

❶ 日本雪印食品公司，是日本响当当的乳业食品集团——雪印乳业公司的子公司，早在1950年就从母公司中分离出来，至今已有52年的独立运营历史。历经几代总裁的苦心经营和巧妙运筹，日本雪印食品公司以其牛肉制品物美价廉的独特卖点，赢得了广大消费者的信任和青睐，风风光光地成为日本食品市场"放心肉"、"放心奶"的代名词。随着市场占有率的逐步扩大，日本雪印食品公司像滚雪球般迅疾壮大起来，最终脱胎换骨为拥有11家子公司、员工达1100名、市场占有率为全国同行第一的大型食品集团公司。2001年9月10日，日本发现了第一例疯牛病病例。日本农林水产省于10月18日推出了"牛肉检查制度"，全权委托农业团体收购此前本已屠宰销售的所有国产牛肉，所需的一切赔偿费用全部由政府承担，令人难以置信的是，日本雪印乳业公司属下的一家公司被媒体曝光。他们2001年10月、11月从澳洲进口了138吨牛肉，装进打上"日本食品"的箱子，并修改了牛肉来源的记录，欺骗消费者，骗取政府的疯牛病津贴。雪印事件公布于众后，引起社会激烈反响。雪印事件使雪印公司在社会上失去了信誉，名声扫地，并为此付出了沉重的代价。调查过程中，主要责任人首先引咎辞职，公司的领导者们不断在电视上接受记者提问，鞠躬向社会谢罪。公司营业额直线下降，公司除保留少数组织者外，解雇了上千名工人，雪印乳业公司最终宣告放弃公司招牌，将公司拍卖，或按分割后的业务，寻找合适的合作伙伴，历揽52载无限风光的日本肉食品行业"龙头老大"——日本雪印食品公司，由于用进口牛肉冒充国产牛肉赚取昧心钱的丑事被曝光，不得不彻底解散。

宝马公司的做法却与之相反，给我们以重要的启示，那就是跳出惯例的品牌经营是何等重要。

在这儿，我还要讲一下制造和营销之间的相关性。

20世纪后半叶，正是大量生产、大量消费的美国式资本主义的鼎盛时代。与此相应，市场营销环节以诱导大量生产、大量消费的海量广告以及海量宣传为主，也就是大众营销唱主角。在那之后，不断又有新的广告方式相继流行，现在的新宠是"一对一"的营销模式，八仙过海各显神通，真是令人眼花缭乱。

所谓"一对一"式营销，是将对不确定的众多对象进行的、以扩大市场份额为目的的营销，改为建立在收集销售信息和消费者个人信息，再对信息进行深度分析的基础之上满足特定顾客（单个的）需求的营销。这种营销方式的基础来源于海量的数据库基础，是信息技术高度发展的产物，使每位顾客与生产企业间面对面的沟通成为可能。

这种新型营销手段的成败尚无定论，不过明确的是，营销的中心已经从"是否能够卖掉"转移到了能否"带给消费者感动"上。彼得·德鲁克曾经在书中写道："营销中需要有在销售层面之上的东西。市场营销部门不是专为市场设立的功能性机构，我们所追求的企业，其根本正是市场营销本身。另外，了解人是最重要的工作，市场营销也是关于人的学问。"他这里所说的"人的学问"包含了社会学、心理学、人类生态学等涵盖广泛的知识。这样的论述日久弥新。

正因为如此，包括营销在内企业的所有活动都必

第五章 让创新的视野更宽广

须探索怎样才能触动消费者的心弦。我们需要能洞察消费者心底诉求的营销。否则，就无法让物（产品）与人融为一体。

虽然已经说过很多次，但我仍要强调，今后必须将生产与销售、物与人的统一作为一切工作的根本。如果说产品的背后是企业引以为自豪的技术，那么企业就应该把以技术为主角的故事讲给消费者。而这时的营销，就是向消费者讲述以技术为线索的故事，并借此赢得更多的消费者。

物（产品）与人一体化后的形式和富有技术故事的产品，正是我们所谓的"品牌"。在用心锻造的日本刀上刻的铭文，或者特意在葡萄酒、威士忌的酒瓶上留下"这是某某何时制造"之类的印记，正是品牌的起源。

正如"好的产品，实现更好的生活"所讲的道理，企业将真正的好东西推入市场后，会带给消费者莫大的惊喜。而"惊喜"是因为他们体验到了自己从未有过的经验。反之，不能给消费者带来惊喜的产品就不会热销。

这已经是一个很老的例子了，索尼的"随身听"上市之初，令无数年轻人为之惊喜和兴奋，那是因为它为人们提供了一种全新的生活方式——能够一边逛街一边尽情享受自己喜欢的音乐。随身听突破了人们以往听音乐的时间与空间概念，并以此开拓了媒体播放器的市场。目前的数码家电和被称作"新三大神器"的超薄电视、数码相机、DVD机之所以人气高涨，也正是因为它们为人们提供了新鲜的体验，因而令人惊喜。

企业在谋求开发出"超人气"新产品的时候不可忽视的一点，就是在研发出新技术的同时，不要马上以此开发出什么新品推入市场，而是应考虑如何把这项技术运用到已有产品的改良中去。这样能保证产品在消费者当中的美誉度，令消费者感到喜悦、满足与快慰，同时也增强品牌的生命力。这也是成效显著的"经验价值"营销。制造、营销与树立品牌这三个环节就应该这样三位一体地全面展开。

挑战"创新的窘境"

为了维持品牌的生命力，企业必定要不断地创新。而如何实现创新就要依据每个企业的实际情况了。

创新中必须要注意的是，越是拥有大批优秀人才的大企业，越容易固执于自己一贯的工作方式，所以反而会在创新上失败。现实中存在不少这样的例子。

比如，20世纪90年代初，IBM陷入了经营危机，被人们称作"濒临死亡的巨象"，最终，在由猎头公司找来的郭士纳（Lou Gerstner）的带领下，IBM成功转型并走出低谷，登上了另一座高峰。

当时，信息产品的市场竞争与IT革命一同以超乎人们想像的速度发展着，特别是PC机产品的生命周期快速缩短。价格更低的高性能产品源源不断地推出，使得上市时间仅相差一两年的单机在性能上便有天壤之别。20世纪80年代初，最先在笔记本电脑上配备微软OS的IBM，此时已跟不上业内令人应接不暇的研发竞赛的步伐。

不仅如此，虽然IBM曾在整体实力上具有绝对压倒性的优势，但在当时，它旗下的主力大型计算机的市场份额也在年年下滑，正如"濒临死亡的巨象"比喻的那样。

第五章 让创新的视野更宽广

IBM面临的这场危机，究其本质，简单地说就是"大企业病"。郭士纳就任首席执行官后，马上开始对企业多年的习惯进行改革，尤其坚决地施行指导思想的改革。领导的身先士卒带动了所有的管理人员。郭士纳的改革最终成功了，现在大家可以看到IBM获得了重生，并在不断发展壮大。

不过，实际上在IBM内部，自20世纪80年代开始，也有人意识到大型计算机向PC机发展是时代发展的必然选择。当时企业内虽有奉行追求高价、高附加值的大型计算机路线的潮流，却最终还是依据市场，把目光转向了竞争性价比的PC机市场。

换个角度来看，可以说郭士纳是幸运的。因为他恰好在IBM内部充满改革的气息之际就任IBM的首席执行官。酷似在"地心说"流传了漫长岁月之后终于诞生了"日心说"一样，IBM长期的发展史萌生出了新的IBM。也许这如同钟摆必定会在某一时刻往相反的方向运动一样，是历史的必然趋势。

正因为是如此优秀的企业，所以他们在创新上稍有滞后，就会受到克莱顿·克里斯坦森[1]的论证和关注。克莱顿·克里斯坦森主要的著作有《创新者的窘境》[2]和《创新的解决方案》，其突出的功绩在于提出了"持续性技术"和"颠覆性技术"的概念。所谓持续性技术就是在不断测量已经上市产品的市场反应及其所获得的消费者满意度的基础上，持续地进行技术改良的创新。

而颠覆性技术是指像哈雷－戴维森(HARLEY-DAVIDSON)摩托车在其全盛时

---

[1] 克莱顿·克里斯坦森(Clayton Christensen)：哈佛商学院的工商管理教授，他不仅是个杰出的管理学者，而且是身体力行的管理实践者。

[2] 原书名为 The Innovator's Dilemma。

期推出的本田 Super Cub 那样，在技术上虽然很简单，性能也不高，但是由于车身小巧、价格低廉，具有新价值，所以创造出了适应新市场的技术。

不过，因为是前所未有的产品，开始阶段市场规模会很小，非常难判断出将来的发展前景如何。克里斯坦森认为，大企业或者是优秀的企业正因为一味追求利润的最大化，反而无法正确对待颠覆性技术。

那么，当颠覆性技术诞生之时应该如何应对呢？克里斯坦森介绍了如下几种方法，如"颠覆性技术的诞生要依靠具有新价值观、不墨守成规的小型组织，而不是主流的组织"，"制定出可通过提前作出一些牺牲以防失败的计划"，"寻找能够给予颠覆性产品正确评价的新市场"。

虽然这几条都具有很强的指导意义，但是毕竟不能适用于所有领域的行业。与其寻找其他方法不如回到技术经营的原点上来——"通过更好的产品实现更好的生活"。这里包括如何应对"颠覆性技术"，针对制造业的管理，我自己总结出了一些平时工作中需要留意的事项，如下面所列，也就是创新与技术经营的原点。

(1)新技术诞生后马上运用到现有产品中

在制造业的经营中，取得开发新产品以扩展新市场和提高现有产品附加值的改良研发这两方面的平衡是至关重要的。也就是说，不可盲目急于追求开发新产品，而是要优先对现有产品进行考察。在一定要推出新产品的时候，首先要考虑的是不可把目标市场定得太小，尽量试着寻找更广阔的市场空间。

(2) 即便是很小的改进，保持10年也能变成巨大的技术创新

看看那些长期得到消费者支持的长寿型产品，其背后积累着技术上的改进、改进又改进。从上市之初算起，经历了数十次的改进。

(3) 品质和服务放在第一位

虽然降低成本非常重要，但如果因此降低产品的品质和服务，则会引出大麻烦。口头上说着要重视CS，却又拼命地降低成本，就一定会出现上面的情况。我们在选择原材料的时候特别要注意这一点。追求高水准的品质和服务，虽然会多少提高一些生产成本，但这是必须的。

(4) 天才的诞生是在集体中实现的

制造产品是一种协同配合的工作。影响企业实力强弱的不是个人能力，而是组织能力的大小。是否有能让个人融入组织的机制即是分水岭。

(5) 同行业间有适当的竞争能激发进取心

深刻思索如何面向多样化的市场，提供多种多样的产品，相互竞争——可成为创新的原动力。竞争激烈的行业会不断向前发展。

大家都应该知道，真正的竞争不是和其他人的竞争，而是将现在的状态、现有的东西进行否定，再创造出新东西，自己与自己的竞争。

守－破－离——创新的根基

两年前，物理学家小柴昌俊先生获得了诺贝尔物理学奖，岛津制作所的田中耕一先生获得了诺贝尔化学奖。在日本景气低迷、前途黯淡的日子里，诺贝尔物理奖、化学奖的双双获得，给日本社会带来了一阵短暂的欣喜。特别值得一提的是，田中先生此次获奖完全是民间企业投入研究的成果，这给众多企业的研究人员以巨大的鼓舞。

他的获奖成果，是对像蛋白质那样的大分子进行质量测量的技术。田中所作的实验不是一次两次就能测量到分子的"质谱"的，在千百次的反复试验中，他终于得到了创造奇迹的灵感。

田中获得诺贝尔奖其实缘于一次小错误，他在一次试验的准备中，错误地把一种溶液混入了另一种溶液，导致那次试验过程虽然与往常相同，却得出了完全不一样的结果。田中疑惑地思索到底什么地方出错致使结果不同。这样的"小错误"在使田中疑惑的同时，也成为他获得跨世纪重大发现的灵感来源。

近来，人们开始探讨 serendipity（偶然发现发掘新奇事物的天赋）的重要性，而田中的 serendipity 则是在千万次重复的试验中培养出来的。在得知田中先生的事迹之后，我想到事物的创新，在手艺人的世界里，也许类似艺道和武道者的世界中常说的"守－破－离"的过程。

通常所说的"守－破－离"，是表现从事艺能的人和手艺人在运用自己的身体逐渐达到娴熟的这个过程

第五章 让创新的视野更宽广

的概念。最初的出处是在江户中期茶道江户千家❶的祖先——川上不白所著的《茶话集》中对于点前❷技艺的精湛描述。

"守为下，破为上，离则乃名人。"

利休道歌❸中有"所谓练习从一到十，而后又由十归一"的论述。这些论述从某种程度上来说意义不都是相通的吗？

其核心在于，首先要从师傅那里反复地模仿，亲身练习熟记动作要领。然后达到成为身体下意识行为的程度。如果是画家，画笔就成为手的一部分，在观察能力提高后逐渐具有素描能力。而版画雕刻师傅则是把刻刀当作自己的手一样来与木板进行对话。若是木工的话，依据木材的质地来选择刨和锯的手法。做到这样也就是达到了"守"的阶段。

同样是模仿师傅的动作，但每个人做出来的动作仍然会不尽相同，这是由于人的身体千差万别。如果觉得这种差别是因为自己还不够熟练，那么你还是停留于"守"的阶段。当某一天注意到自己的身体和师傅的身体在状貌上存在差别，并且发现如此努力地练习却依然与师傅做的有着细微差距是因为身体的不同造成的，就进入了"破"的阶段，也可以说是跨入了创造之门。

---

❶ 室町末期，出现了一位茶道大师千利休。千利休创立了利休流草庵风茶法，一时间风靡天下，将茶道的发展推上顶峰。千利休因此而被誉为"茶道天下第一人"，成了茶道界的绝对权威。千利休死后，其后人承其衣钵，创立了以"表千家"、"里千家"、"武者小路千家"为代表的数以千计的流派。演变到今天，尚存"表千家"、"江户千家"、"远州千家"、"石州千家"、"千宗室"等十几个流派。

❷ 茶道中抹茶的沏法。

❸ 千利休对后人的教诲针对初学者被编写成和歌的形式，琅琅上口、易于记忆，这种和歌叫作利休道歌。

在此基础之上，开始自觉地追求差异，凭借自己的身体，也就是配合有个性的工具进行彻底的个性化创造。到了这样的境界就是"离"的阶段了，是自成一派、练达的阶段。

认知心理学虽然与"守－破－离"之间没有直接的关系，不过也是研究人类进步过程机制的学问。其研究主要是关于人类在反复重复的活动中人体内部所产生的应对机能和结构等。这种内在的机制被称为图式（schema）。认知心理学是通过研究人的心理顺应外界事物的改变而形成的新图式，以及图式的分化、发展、合并与协调发展来揭示人类进步的过程的。

在此研究成果的基础之上，心理学家波多野谊余夫先生将人逐渐精熟于某种技能的过程描述如下：

> 按照心理学的常识，达到熟练需要跨越500小时、1 500小时、5 000～10 000小时这样三个台阶（当然，这个数字只是大概的估算，不过是个目标罢了）。最初的500小时是初学阶段。……据说要学习插花，不经过至少500小时的练习就无法超越初学阶段。当达到1 500小时以后，就成为内行人了。学钢琴弹了1 500小时以后，可能就能在公众面前演奏了吧。……不过，真正意义上的行家里手，也就是说非形似而要神似，起码需要5 000小时甚至10 000小时以上的训练。
>
> （《無気力の心理学　やりがいの条件》中公新书）

这里500小时、1 500小时、5 000～10 000小时的目标，令我很自然地将其与"守－破－离"建立起相互对应的关系。前面提到的田中耕一先生通过千百回不懈的试验研究终于获得了跨世纪大发现的佳话，不也正是经过了"守－破－离"这个过程而获得成功的吗？

单纯模仿无法成"型"

那些达到"守－破－离"之"离"的人，之后又会怎样呢？我想，他们大致会像利休道歌中写的那样："始于一而后知十，再归于一而复始"地自行重复这个过程，并按照自己的体会一点点地不断改进下去。

重复的过程中，总有一天会形成超越自己平常境界的模型（或者说体系、模式）。所谓"模型"是把本质提炼出来的精髓，是可供初学者效仿，带有普遍性的东西。当初学者成为行家里手时，便会发现"模型"存在不符合自己个性的部分，于是运用经验不断钻研，为之增添新的内容。也正是因为有了这种"由形到型"的过程才演化出今天各领域内诸艺百家的众多流派。

近些年来，很多商学院倾向于把案例分析（case study）作为一种模型来学习。这和我前面所讲的模型是不同的。案例分析中所讲的案例都是些在特定条件下发生的特定事例，当环境和条件发生改变时，模仿和参照将没有任何意义。学习过这些案例分析的人进入公司之后，面对眼前的具体工作时，往往只会讲学过的故事，而不知道该从何入手解决问题。

与之不同的是，真正意义上的模型具有极强的生命力，是浓缩了几代人经验的产物。两三年前我和朋友一起学习以人的身体为基础的知识，有幸结识了冲绳古武术的宇城宪治教练。宇城先生对形与型是这样区别的。

"型"自有概念以来到目前为止，没有发生变化，是被继承下来的一种传统，可以称之为老传统。即使经过岁月的洗礼也不会改头换面。这种"不变的型"经过不同个体的演绎，通过与人的契合后成为"形"，并以此作为人们的技艺而重新焕发青春。

……"形"是具有个性的个体，不可能整齐划一。但是作为源头的"型"则是不可替代的。作为传统被继承下来的不是"形"，而是不会随波逐流的"型"。只有能够将"型"与实践相结合发扬光大的人，才能谈得上真正地继承了"型"。只有把"型"化为"形"才能说这个人是真正意义上得到了"型"。如果只是照搬学来的"型"，"型"将成为行尸走肉，从被传授的那一刻起也就终止了生命。

(《武術空手の知と実践　相対の世界から絶対の世界へ》合気ニュース)

宇城先生的这段关于"型"与"形"的阐述，正是前一章谈到的整体与个体间知识关系的代表。"型"通过个体具体表现出来，依然存在超越个人的东西。"型"正是因为能被人继承，所以具有顽强的生命力。他还有下面这样一段论述：

"型"是一切创造的源泉，是迷途知返的港湾。而且传统的"型"中蕴含着丰富的知识，隐藏着无尽的宝藏。"型"作为基础孕育出了各种各样的东西。

宇城教练的弟子中有一位从事商品批发业务。和他谈论有关"型"的话题，令我至今记忆犹新。

134

"我认为日常的工作中也有'型'的存在，如果能创造出凝聚了工作和行为本质的'型'，那将会在培育新人方面有很大的帮助。通过'型'来培养人，等新人成长起来后，有一天感到既有的'型'与自己有所矛盾时再自行修正。而'型'就是在这样的过程中变得更加丰富。我所追求的'型'，是可以用来随时检验反省自己的精神归宿，而且我一直在工作过程中思索如何发现和创造出这样的'型'"。

也许正是由于对空手道的投入和喜爱，他在自己工作中也培养出了出色的眼力。他还对我说过这样一段话：

"我逐渐被型的深度所吸引。用型来磨炼心，再用心去琢磨技术和工作。"

他的话深深地打动了我。不管是什么事情，这种一门心思钻研进取的作风和手艺人是一致的。尽全力去做，到一定时候就会有所突破，成为具有广阔视野的创造性人才。但是，要达到这个境界还需要对本专业之外的事物保持敏锐的好奇心，并且努力学习。

研发能力的背后是团队精神

下面我想谈谈关于创造性和团队精神的话题。前面提到过的田中耕一先生，在接受诺贝尔奖后说"自己一生的梦想就是做一个工程师"，这句话曾传为一时的美谈。几乎在同一时期，在某科学论坛上收集的留言中，他是这样写的：

各位年轻的同仁，希望大家能够跳出常规向课题发起挑战。由于我的专业不是化学，所以不会被常识束缚住手脚。正是这样，所以获得了全新的发现，并因此得到了世界的承认。

我的小学班主任非常珍视孩子们各种各样的突发奇想，并很巧妙地引导我们。就算想法是错误的也不否定孩子，即便不符合教科书也会夸奖我们。老师的教诲让我至今不忘，并把它带到了研究中。

如果仅依靠个人的力量，我的研究是无法完成的。日本强大的研究能力背后是团队精神。相互之间的激发和鼓励，在逐渐互相理解和探讨的过程中不断把研究推向前进。我一次又一次为这种作风深深感动。

（《读卖新闻》2002年11月29日）

"日本强大的研究能力背后是团队精神"这句话作为诺贝尔奖获得者发表的感言实在是分量十足。在此之前，团队精神这个词总是被当作日本集体主义的代名词来使用。而实际上，不可否认的是，它的背后确带有压抑个性、避免相互批判的机制等负面意义。

但是，田中先生所说的团队精神绝非仅此而已。将个体的能力巧妙地组合在一起，是一种可以让1加1等于3甚至等于4的精神纽带，是能够提升人的人生价值和劳动意义的团队精神。

现代企业的活动逐渐演变为以集团间的竞争为主流。不论个人如何努力，如果所在企业没能在集体间的竞争中获胜，个人也无法得到承认和肯定，集体的成功和胜利是首要的。为了获得集体的胜利，需要把特色各异、能力不同的人团结在一起，并让他们能够发挥出巨大的集体力量。正如前面讲过的，在这种情况下，巧妙地组织和管理的艺术显得格外重要。只有个人的暗默知识和集体缄默的知识相互作用时,创新才能得以催生出来。孤立的人和集体都不具备创造力。

　　那么,所谓人们能力的相互补充具体在什么情形发生呢?这是从报纸上得来的知识,厚生劳动省于2003年刊登了一篇题为《现代工人》的报道。加藤博义是日产汽车的试驾员,他是从150名工人中挑选出来的代表。他的工作是检验汽车在各种情况下的行驶状况,探求性能与驾驶感受之间的最佳结合点。加藤是具有手艺人气质的车辆性能检测骨干。据说他在时速超过200公里时也只用大拇指和食指轻松捏着方向盘,他说因为如果握紧方向盘的话,就感受不到"汽车的细微举动",必须用人的直感来洞察汽车的所有表现,哪怕车身只是轻微地倾斜或抖动。

　　近几年来,全电脑控制逐渐普及,但是乘坐时的舒适程度是无法用数值形式具体表示出来的。新车型开发组中有一大批工学博士级的技术人员,但他们仍然非常重视试驾员加藤先生的试驾感受。并把他的试驾感受和意见作为修改设计草案的参考。所谓能够发挥每个个体的特色而协同工作的团队就应该如同他们这样吧。

　　一想到具有手艺人气质的员工正在汽车制造业的第一线发挥着极为重要的作用,我就顿时觉得日本的制造业真的很了不起,胸中便涌出无限的力量。

领导者要扬起"鲜明的旗帜"

　　企业作为以缄默智慧为基础的人的集体,必须要有约束人和管理人的领导者。如果企业内仅仅有一大批才能超群的,具有手艺人气质的员工,这个企业是无法显现出活力的，也无法扬起区别于其他企业的"鲜明旗帜"。只有通过管理和统筹规划，把多方面的人才按照明确的目标团结起来整合成为一个集体，才能真正发挥出组织的活力。

那么怎样才能把个体的能力（知识）融会成集体巨大的能力呢？领导者又需要具备怎样的素质呢？前瞻性、组织能力、执行能力还有自我钻研能力，这些大概就是领导者不论时代怎么变迁都需要具备的基本素质吧。

要带领企业不断前进需要经营高层密切关注社会、经济的发展动向，还要将企业内零散的各种能量（人、物、资金、信息）组合起来以寻求最大的合力。

执行力也是非常重要的。不论是前瞻性还是组织能力，不通过执行能力表现出来都将失去意义。领导者必须把自己的能量和活力都展现出来，以感染整个团队。而自我钻研正是将这些素质挖掘出来的方式，也就是说要不懈地谦虚学习。

不过，在重视"品质"的时代，我们需要的前瞻性、组织能力、执行能力，还有自我钻研的能力与以往已经有所不同。这里，前瞻性必须立足在由追求量到追求质的思维转变基础之上，而组织能力则需确立致力于开创追求异质性的新方向，更多地引进自己内部缺少的力量，更多地吸纳组织外面的智慧，并让他们融合起来。

至于执行能力和自我钻研能力，适合我个人的看法就不在这里多说了，因为每个人都有自己的方法，各不相同。如果总是说"应该这样或那样做"的技术问题，

第五章　让创新的视野更宽广

很容易发展为机械性的模仿。这与我们常说的 best practice 也是一样，因为企业在某一特定时间的成功事迹往往并不能推而广之。

每天，环境都会发生变化。过去很好的东西说不定已不再适合现在的环境和本企业的客观条件。如果不加思索地照搬其他企业的做法，那只是模仿和横向看齐，不可能扬起具有独创品质的"鲜明旗帜"。

如何让自己率领的企业总能适应每天不断发生变化的环境？如何以技术为引擎，使技术经营核心的 TPM 循环，也就是连接技术、产品、市场三者间的转换循环更加顺畅？这些就是考验经营高层能力的关键。

想要不断推出好产品，就必须拓宽创新的眼界和领域。我们在考察管理时应以技术为中心，从研发、市场营销、品牌打造到精神层面上支持创新的模型——"守－破－离"等多个角度来讨论，同时各部门必须将最终的成果努力转化到产品中去，不然就没有任何意义了。生产企业优秀与否只能通过其产品表现出来，所以产品体现着企业的形象。在这个层面上来说，MOT 与其翻译成"技术管理"倒不如理解为"创新管理"更为准确些。

让创新的"山麓"更加宽广。高山必有宽广的山麓。

参考文献

■书籍

岡本義行《明るく遅しい経営　イタリア中小企業の活力》西北社

《国史大辞典（第七巻）》　吉川弘文館

《ペルリ提督日本遠征記（四）》土屋喬雄ほか訳　岩波文庫

幸田露伴《五重塔》岩波文庫

永六輔《職人》岩波新書

宮本常一《忘れられた日本人》岩波文庫

船曳建夫《「日本人論」再考》ＮＨＫ出版

柳宗悦《手仕事の日本》岩波文庫

デカルト《方法序説》岩波文庫

宋應星《天工開物》平凡社東洋文庫

三枝博音《デ・レ・メタリカと天工開物》中央公論社

金子美鈴《金子美鈴童謡集》矢先節夫編解説　ハルキ文庫

《中国の思想「Ⅶ」易経》丸山松幸訳　徳間書店

《易経（下）》高田真治ほか訳　岩波文庫

《易の世界》加地伸行編著　中公文庫

クレイトン・クリステンセン《イノベーションのジレンマ》玉田俊平太ほか訳　翔泳社

波多誼余夫・稲垣佳世子《無気力の心理学》中公新書

野村幸正《知の体得》福村出版

宇城憲治《武術空手の知と実践》合気ニュース

常盤文克《知と経営》ダイヤモンド社

常盤文克《「質」の経営論》ダイヤモンド社

常盤文克《「知の経営」を深める》PHP研究所

■新闻报道

「経済教室」《日本経済新聞》2002年5月3日）

「ひと仕事　匠道場　石播次代育成《5年間が勝負》」（《日本経済新聞》2003年11月17日）

「ノーベル賞受賞者を囲むフォーラム《21世紀の創造》」

参考文献

(《読売新聞》2002年11月29日)
「《現代の名工》に150人」(《日本経済新聞》2003年11月20日)
小林元「イタリアのビジネス」(《Business Research》2003年1月号〜8月号)
「シンク・ローカル、アクト・ローカル」(《DIAMONDハーバード・ビジネス・レビュー》2003年3月号)
「《経験価値》が永続性を保証する」(《DIAMONDハーバード・ビジネス・レビュー》2003年7月号)
高橋進「東洋的なものの見方——易と占いの心」(《教育研究》1980年1月号)
常盤文克「企業を動かす力 《黙の知》の役割と意義」(《一橋ビジネス レビュー》2002年秋号)

汉译创新管理图书

《创新的种子：解读创新魔方》　　　　　　作者：[美]伊莱恩·丹敦
《创新的源泉：追循创新公司的足迹》　　　作者：[美]冯·希普尔
《创新高速公路：构筑知识创新与知识共享的平台》　作者：[美]戴布拉·艾米顿
《研发组织管理：用好天才团队》　　　　　作者：[美]杰恩　川迪斯
《破译创新的前端：构建创新的解释性维度》
　　　　　　　　　　　　　　　　作者：[美]理查德·莱斯特　迈克尔·派尔
《企业战略与技术创新决策：创造商业价值的战略和能力》
　　　　　　　　　　　　　　　　作者：欧洲技术与创新管理研究院
《文化 VS 技术创新：德美日三国创新经济的文化比较》
　　　　　　　　　　　　　　　　作者：[德]柏林科学技术研究院
《赢在创新：日本计算机与通信业成长之路》　作者：[英]马丁·弗朗斯曼
《创新之道：日本制造业的创新文化》　　　作者：[日]常盤文克
《创新的愿景》　　　　　　　　　　　　　作者：[英]马丁·弗朗斯曼
《突破性创新》　　　　作者：[美]马克·斯特菲克　巴巴拉·斯特菲克
《创新民主化》　　　　　　　　　　　　　作者：[美]冯·希普尔
《产品创新》　　　　　　　　　　　　　　作者：[美]戴维德·雷尼
《管理技术的流动》　　　　　　　　　　　作者：[美]托马斯·艾伦
《创新的十个面孔》　　　　　　　　　　　作者：[美]汤姆·凯勒
《变化中的北欧国家创新体系》　　　　　　作者：[瑞典]霍纲·吉尔斯
《牛津创新手册》　　　　　　　　　　　　作者：[美]纳尔逊
《创新的扩散》（第五版）　　　　　　　　作者：[美]埃弗雷特·M.罗杰斯

汉译知识管理丛书

《创造知识的企业：日美企业持续创新的动力》
　　　　　　　　　　　　　　　　作者：[日]野中郁次郎　竹内弘高
《知识创造的螺旋：知识管理理论与案例研究》
　　　　　　　　　　　　　　　　作者：[日]竹内弘高　野中郁次郎
《创新的本质：日本名企最新知识管理案例》作者：[日]野中郁次郎　胜见明

汉译企业知识产权战略丛书

《智力资本管理：企业价值萃取的核心能力》　作者：[美]帕特里克·沙利文
《技术许可战略：企业经营战略的利剑》
　　　　　　　　　　　　　作者：[美]罗塞尔·帕拉　帕特里克·沙利文
《技术性知识产权评估与定价》　作者：[美]理查德·拉兹盖提斯
《无形资产的有形战略》　　　　作者：[美]约翰·贝利

汉译创新管理丛书

创新的种子——解读创新魔方
[美] 伊莱恩·丹敦 著
陈劲 姚威 等译

这是一本既适合企业、组织专业人员,也适合普通读者阅读的创新管理著作。作者为创新团体咨询公司的创立者和首席战略专家,本书第一次提出创新思维不单包含创造性思维,而是创造性思维、战略性思维和变革性思维三者的结合。书中还提出了创新九步走、十种创新组合工具、统揽全局六大准则等简单而又行之有效的方法,以此提高个人、团队和组织的创新能力。

创新高速公路——构筑知识创新与知识共享的平台
[美] 戴布拉·艾米顿 著
陈劲 朱朝晖 译

本书把驱动21世纪经济的两个主要因素——创新和知识管理进行了综合,首创"创新高速公路"这一新构架,目的在于消除交流创新知识和能力的地理界限,为技术、管理、等方面创新提供知识平台和政策指南。本书勾画了21世纪知识经济的路线图,堪称知识经济的"第四次浪潮"、21世纪的《大趋势》,有人预言,作者戴布拉·艾米顿"很可能成为下一个德鲁克"。

创新的源泉——追循创新公司的足迹
[美] 埃里克·冯·希普尔 著
柳卸林 陈道斌 等译

这是一部管理学名著。传统认为,技术创新主要由制造商完成,本书对这一传统观念发起了挑战,认为技术创新在不同的产业有着不同的主体,在许多产业,用户和供应商才是创新者。这是管理界的一次思想革命!在国外,包括美国3M在内的一些大公司都将此书理论视为创新指针。

研发组织管理——用好天才团队
[美] 杰恩·川迪斯 著
柳卸林 杨艳芳 等译

作者探讨了改善研发组织生产力和促进业绩的各种途径,对如何制定研发组织战略、如何建立高效的研究开发机构、如何进行针对科学家的职业设计、如何领导研发组织、如何对待组织中的冲突、如何实现技术转移等问题作了分析。科研院所、大学科研机构、企业及其研发机构管理者将从本书中获益匪浅。

汉译创新管理丛书

文化 VS 技术创新——德美日三国创新经济的文化比较
[德] 柏林科学技术研究院 著

吴金希 等译

这是一本关于"文化因素在技术创新中的作用"的经典著作,作者通过比较德美日三国文化的异同,探讨了文化因素对个人、团队、企业乃至创新济成败的影响。

破译创新的前端——构建创新的解释性维度
[美] 理查德·莱斯特 迈克尔·派尔 著

寿涌毅 郑刚 译

这是一本关于产品研发前期管理的著作,就产品研发以及科研创新的方向、步骤、原则等问题,作者对两种传统方法进行了细致的对照和剖析,并以手机、牛仔裤、医疗器械等产业为例,解译了创新管理中常被人们忽视的一面:创新前期的模糊、混沌。

企业战略与技术创新决策——创造商业价值的战略和能力
欧洲技术与创新管理研究院 著

陈劲 方琴 译

这是一本如何将创新管理带入企业经营管理决策的著作。本书的特色在于,它将最新的实践、研究结果和思想融合起来,针对企业高层管理者的需要,提供了将创新决策有机融入到企业战略和经营管理之中的切实可行的良方。

赢在创新——日本计算机与通信业成长之路
[英] 马丁·弗朗斯曼

李纪珍 吴凡 译

本书分析了日本计算机和通信产业的崛起过程、全球地位以及这些产业巨人的优势和不足。作者用了8年多的时间,对600余名日本企业领导人进行访谈,通过富士通、NEC、日立、东芝等众多成功企业的案例,真实描述了日本计算机和通信产业的历史、现状和未来。

变化中的北欧国家创新体系

[瑞典]霍刚·吉吉斯 著

安金辉 南南·伦丁 译

本书对北欧国家的创新体系与创新政策进行了全面的描述与分析,对创新最重要的参与者及其活动、研发投入,以及各国政府的战略与规划进行了详细的描述,同时也对北欧五国的创新体系进行了评论与比较。

汉译知识管理丛书

创造知识的企业——日美企业持续创新的动力

[日]野中郁次郎 竹内弘高 著

李萌 高飞 译

这是世界"知识运动之父"的理论名著,曾获美国出版社协会"年度最佳管理类图书"大奖,全球知识管理领域被引用最多的著作。彼得·德鲁克曾评价此书:"这确实是一部经典!"

知识创造的螺旋——知识管理理论与案例研究

[日]竹内弘高 野中郁次郎 著

李萌 译

这是汇集知识管理众多案例的著作,从知识的视角对管理学进行反思,以IBM、佳能、索尼、本田等十几个世界知名企业的实例,讲述知识在创造中的螺旋上升过程。

创新的本质——日本名企最新知识管理案例

[日]野中郁次郎 胜见明 著

林忠鹏 谢群 译 李萌 校译

本书选取了13个企业,详述了13种产品的研发过程,并通过"故事篇"与"解说篇"就每一个创新过程的本质进行了深度解析。两位作者一位是著名知识管理学者,一位是资深记者,不同领域的两个顶尖人物通力合作,用最直观的方式阐释创新的本质所在。

汉译企业知识产权战略丛书

智力资本管理——企业价值萃取的核心能力

[美]帕特里克·沙利文 著

陈 劲 等译

本书核心价值在于，它阐释了21世纪知识经济的经营之道——从智力资本中萃取价值。就企业如何才能从无形财产中获得经济收益以及从其智力资本中获取更多的价值，分别通过施乐、惠普等十几家企业在实践中行之有效的案例进行了细致的阐释。

技术许可战略——企业经营战略的利剑

[美]罗塞尔·帕拉 帕特里克·沙利文 著

陈 劲 等译

技术许可战略是实现公司价值最大化的最佳战略之一。本书从这一角度出发，对世界十几家知名企业的技术许可案例进行总结，介绍了各种行之有效的许可方法、专利组合以及专利使用费率，为企业开发出了成功的技术许可程序。对技术型企业来讲，这是一本技术许可战略的完全指南。

创新研究文丛

地缘科技学

作者：赵刚

本书第一次提出"地缘科技学"的概念，并厘定了其内涵及研究框架，"地缘科技学"以民族国家为基本单元和基本战略主体，研究国际体系结构中科技与国际政治和世界经济的关系。它集中关注的是科技与一国综合国力的关系、科技对国际政治经济格局的影响、科技在国家大战略中的地位和作用、国际科技竞争的基本格局以及科技安全在国家综合安全中的核心功能。

模块化创新——定制化时代复杂产品系统创新机理与路径

作者：陈劲 桂彬旺

本书将模块化方法应用于复杂产品系统创新管理中，通过模块化方法改善CoPS创新流程与组织管理，以解决复杂产品系统创新投入大、绩效低、过程管理困难等问题，结合复杂产品系统创新实践调研提出了包含系统功能分析、架构设计与模块分解、模块外包与模块开发、系统集成与完善等六个阶段的复杂产品系统模块化创新模式。

企业创新网络——进化与治理

作者：王大洲

本书通过案例研究和理论分析，阐明了企业创新网络进化的趋向、过程、陷阱和动力机制；归纳并分析比较了政府主导型、政府引导型、联邦型、旗舰型、企业家主导型与自组织型共六类典型的企业创新网络治理模式；探讨了基于创新网络的企业技术学习机制。

自主创新读本

激扬创新精神——中宣部科技部自主创新报告团演讲录
作者：张景安 胡钰

本书系中宣部、科技部联合组织的自主创新报告团的巡回演讲集，收录了深圳常务副市长刘应力、北京大学教授路风、吉利集团董事长李书福、海信集团董事长周厚健等十人的精彩演讲，既包括学者对自主创新理论的深入阐释，也有各行业自主创新的业绩和感人故事，同时也介绍了国家自主创新的重大部署和宏观政策。

自主创新300问
作者：刘忠 董海龙 田小飞

本书系自主创新的普及读本，以问答形式汇集了与自主创新相关的近300个知识点，如什么是创新、创新与发明有何区别、自主创新是否有负面效应等等，集阅读、引用、学习于一体，可以让读者用最短时间全方位了解自主创新。

自主创新公务员读本
作者：柳卸林 游光荣 王春法

这是一本系统阐述自主创新政策和理论的读本，侧重于对国家宏观创新政策的解读。全书从自主创新、创新型国家、国家创新体系的内涵阐释入手，分别介绍了企业、科研、教育等机构在自主创新建设中的重要地位，并对技术创新体系、知识创新体系、国防科技创新体系、区域创新体系以及科技中介服务体系进行了深入浅出的解读。

中国区域创新能力报告
作者：中国科技发展战略研究小组

本书按年度对中国各省、自治区、直辖市的创新能力作客观、动态和全面的评价。通过大量的数字和科学的分析框架，对中国区域创新能力作了全面的分析，是一本研究中国技术创新国情，了解中国区域创新能力的多样性，进行区域创新能力比较的重要著作，是政府和企业进行技术创新决策的重要参考读物。作者均为我国创新研究领域的著名中青年专家。

中国科技发展研究报告
作者：中国科技发展战略研究小组

本书对中国科技工作进行及时、客观和全面的总结与评估，关注科技发展的重大事件，探讨热点问题，展望未来动向。本书分为中国科技发展评述与展望、军民融合与国家创新体系建设两部分，对我国高技术产业情况、生物产业创新系统的构建，以及军民融合创新体系建设等进行了分析和阐述。作者均为我国创新研究领域的著名中青年专家。

中国创新管理前沿（第二辑）

作者： 魏江 陈劲

本书系第二届中国青年创新论坛成果集，内容围绕技术创新中的能力和创新系统等主题展开，代表了企业技术能力、创新系统、服务业创新、技术创新经济学等领域最前沿的研究进展。本书可以为理论界提供参考，也可以为国家、产业和企业制定相应的技术创新战略提供指导。

自主创新：海尔之魂

作者： 刘进先

本书是"自主创新企业案例丛书"的第一本。系统介绍了海尔在技术研发、市场营销、队伍建设等方面所走过的创新之路，同时分析了海尔创新的特点、存在的问题，并针对我国企业技术创新进行了深度思考和分析。

用知识赢得优势——中国企业知识管理模式与战略

作者： 吴金希

这是一本知识管理著作，作者通过对12个高科技企业的调研分析，提出了适用于中国企业的知识管理模型——知识链模型，并提出了知识撬动战略和知识成长战略的概念，为高科技企业提供了一个制定和实施知识管理战略的新视角和思维框架。

集知创新——企业复杂产品系统创新之路

作者： 陈劲 童亮

复杂产品是指研究开发投入大、技术含量高、订制量小的大型产品，本书分析并总结了以往复杂产品创新领域里的研究成果，从企业和项目两个层面，提出了符合复杂产品特征的过程模式以及评价体系，为我国的复杂产品创新提供了系统的理论支持。

驭险创新——企业复杂产品系统创新项目风险管理

作者： 陈劲 景劲松

本书提出了复杂产品系统创新的风险管理分析框架，从关键风险因素识别、风险产生机理、风险评价，以及风险动态模拟四个方面，分析和刻画了复杂产品系统创新项目风险的特征，揭示了项目风险的横向传递规律和动态变化规律，进而提出了有针对性的风险调控措施。